日本のアタリマエを変える学校たち

誰もがインターナショナルスクールで学べるように

有澤和歌子 編著

JN056206

新評論

まえがき

　さまざまな色をした髪の毛の子どもたちがいる。ヘアスタイルもさまざま、カーリーヘアの子どもがいるかと思えば、帽子を被って、おしゃれ感を醸しだしている子どももいる。髪の毛だけではなく、目の色も肌の色もさまざまだし、服装に至っては……半袖姿の子どもがいるかと思うと、ダウンジャケットを着ている子どもがいた。

　体感温度がDNAレベルで違うのだろうか。2023年11月に訪れたバンクーバーでも、ノースリーブの生徒とダウンジャケットの生徒が一緒にグループワークをしていた。そういえば、日本の学校でも時々「冬でも半袖」という小学生を見かけるが、それが特別目立たないというところが「インターナショナルスクール」である。

　大きな水筒を傾けて水を飲みながら、みんな英語で話している。とはいえ、途中から日本語になったりもしている。中国語を話すグループもある。車座になっているので、何かアイディアを出し合っているのかもしれない。

　それにしても、すべての子どもがあふれんばかりの笑顔を見せている。いったい、どこの国の出身なのだろうか？

　このような風景、実はある学校の教室である。そのなかに、

あなたの子どもがいることを想像していただきたい。何となくだが、子どもたちの未来が今よりも開けるような気がしてこないだろうか。

　さまざまな国のインターナショナルスクールを訪問すると、各学校の「学びの目的」が書かれているボードを目にする。もちろん、web ページにも掲載されているものだが、とくに公用語や第一言語が英語ではない国のインターナショナルスクールでは、「バイリンガル」という文字が目立つ。

　インターナショナルスクールでは英語で学んでいるわけだから、バイリンガルになるのは当たり前だろう。なぜ、わざわざ「バイリンガルの重要性」を謳うのだろうか、と思っていた。確かに、英語ができるとかっこいいし、海外旅行でも困らないし、仕事の幅も広がるだろう。正直、羨ましいなあーと私は思っていた。

　要するに、「世界中の人と話ができるというのはすごいことだ」くらいにしか思っていなかったわけだが、数年前、それがまちがっていたことに気付いた。

　私には息子が一人いる。今は21歳。高校（3校）に4年半通ったので、まだ大学2年生である。「親の皮」を被っていたころの私は、息子の幸せを願いつつも親のふりをしていただけで、自分の仕事を最優先にしていた。だから、ごく普通に、息子は地元の公立小中学校を卒業している。

　息子には、私が思い描くような人生、つまり私が満足できる大学を卒業し、有名企業に就職するといった人生設計を期待していた。そして私は、安泰な老後を迎え、悠々自適に生きてい

くという予定をしていた。

　そんな人生プランが、大きな音を立てて崩れていった。老後の資金として蓄えていたお金は、息子のインターナショナルスクールの学費と生活費に充てられることになってしまった。そのうえ、オーストラリアの大学生となったので、その学費と生活費は半端な金額ではない。それらすべてが、私の背中にのしかかってきた。しかし、これでよいのだ！　なぜなら、これは個人的に行った社会実験であるからだ。

　インターナショナルスクールは「英語を学ぶ」学校ではない。「英語で学ぶ」学校である。さらに、世界中の子どもが一緒に学ぶ学校でもあるので、教育内容は、各国の「よい」とされているものが取り入れられている。その特徴といえば、**どこの国に行っても生きていける素養が身につく**、というものである。

　どのような能力かというと、「話す」、「聞く」、「考える」、「協働・共創する」、「プレゼンをする」、「相手を思いやる」、「仲間をつくる」、「やり遂げる」、「やってみる」、「失敗する」、「シェアする」などである。一人ひとりにフォーカスした学びが提供されていることはもちろんだが、最終的には、各人の行動が**「地球市民になる」**ための学びとなっている。

「日本の学校もそうなっているよ」と、言う人もいるだろう。もちろん、そうかもしれないが、私がこれまでに見てきた日本の教育はといえば、「偏差値至上主義」が圧倒的であった。さらに、地方と都会を比べると、情報差が激しいために、総合選抜型入試（旧 AO 入試）を使って大学を目指すという高校生

が地方にはまだ少ない。都会と地方の情報量に大きな差があることを、地方に住んでいる人たちは知らないように思える。

　地方にある英語教室では、「英検〇級合格」を目指すというものがまだまだ多いように見受けられるが、現在、都会では探究型の英会話スクールなどが人気となっている。また、プログラミング教室においては、本来の目的が探究型の学びとなっているにもかかわらず、地方ではプログラミング手法を学ぶ教室になっているケースが多いようだ。

　これらの理由は明確である。都会には英語で仕事をする日本人や外国人が多く、子どもたちが通う学校や塾の種類がたくさんあるからだ。さらに、地方では一般的に英語でのコミュニケーションが必要とされないため、英語で探究したことがない大人が教師や講師を務めているからである。

　もちろん、そうでない場合もあるだろう。しかし、日本の教育機関、学校や塾を含めて、大多数の「教える人」が海外での生活経験やダイバースな環境で教えたことのない人たちだと思われるが、いかがであろうか。

　もちろん、「悪い」と言っているわけではない。日本という国がそういう国なのだから……。かくいう私も、つい最近までまったく同じであった。

　少し視点を変えて、空港の設備、トイレを例に挙げて説明してみよう。

　ヨーロッパ、北米、そしてアジア諸国でも、空港のトイレに入ったときに「注意書き」などを目にすることはほとんどない。

一方、日本はどうだろうか。便座の使い方、水の流し方、流水音の出し方、幼児用の椅子の使い方、壁にかけたカバンの置き忘れや盗難注意など、キリがないほどのメッセージが書かれている。

「ちゃんと書いてあるから、何かトラブルがあったときの責任はあなたにあるのよ」と言いたいのか、「こんなにも親切なのよ」と訴えたいのかは分からないが、どうも「指示されている」ように思えてくる。うがった見方かもしれないが、日本では子どもから大人までが、**「指示されて初めてきちんと実施する」**という生活スタイルに慣れきっているように思える。

　逆に言えば、**「指示がないと何もできない」**ということになる。振り返ってみると、これほどまで指示されることが多いと、「日本人は無能なのか」とも思えてくる（私も含めてだが）。

　たぶん、指示を出しているのは、関係部署の権力者（？）であり、彼らは「ルールどおりに動くように」と指令を発しているのだろう。誰もが「無能者扱い」される国では、楽しく生きていくという生活スタイルは「夢物語」となってしまう。

　本書で紹介するインターナショナルスクールをはじめとした学校・団体における学びでは、「探究型の生き方」が目指されている。そのうえ、「バイリンガル」にもなれる。バイリンガルになると何がよいかというと、前述したように、多様性のある環境下においても生きていける、となる。

「英語が話せなくても、私はどこででも生きていける」という逞しい人はそれでよいが、日本中の子どもたちは、10年に一度

しか改定されない「学習指導要領」をベースにした学校に行くしかなく、そこで大いなる「指示」を受け、個性を発揮する機会が少ないまま社会人となっている。しかし、世の中では、「インターナショナル」や「グローバル」、そして「ダイバーシティ」や「インクルージョン」が叫ばれている。どのように考えても「矛盾」でしかないのだが、どうやら、このことについて疑問をもつ人が少ないようだ。

　本書を著すことになった私の夢はというと、日本全国、47都道府県に「公立」のインターナショナルスクールをつくることである。「公立」となれば、当然、学費などの諸費用が安くなるため、富裕層だけでなく、一般家庭の子どもでも進学先の一つとして考えられるようになる。つまり、「アタリマエ」となっていることに柔軟性がプラスされるということである。

　ごく普通の親として「自分の子どもの幸せ」を願っているし、**「自分の子どもだけが幸せになれる未来はない」**ということもふまえている。前述したように、息子にかけた多額の学費をはじめとして、私自身もこれまでさまざまなことを学ぶために可能なかぎりのお金をかけてきた（つもりである）。その結果、思い至ったのが、**「お金がなくても入学できるインターナショナルスクールの設立」**である。

　これを目標として活動しているうちに、日本の子どもたちに真のグローバル教育を提供している教育機関や関連施設を知ることになった。読者のみなさんが驚くような「学校」が、すでに全国にはあるのだ。本書では、それらのなかから七つの学

校・団体を選び、紹介していくことにする。

　もし、本書を読まれて、「そんな学校や施設をわが県（街）にもつくりたい」と思われた地方行政の担当者がいるなら、すぐにでも動き出してほしい。決して大袈裟ではなく、よい意味で街全体が生き返るという可能性があるのだ。

　それぞれの人が、できることをほんの少しするだけでいい。さまざまな人が動き出せば大きな力になることは、本書で紹介しているように証明されている。どこの学校・団体にしても、誰かが動き出したから仲間ができ、開校しているのだ。

　本書を通して、私が調べ、見学し、それぞれの学校で得られた知見を、一人でも多くの人に知っていただきたいと思っている。目指すは「公立のインターナショナルスクール」であるから、まずは地方行政の担当者や教育委員会の方々に読んでいただきたいとも思っている。そして、「検討する必要がある」と判断されたなら、その協議会に私も参加させていただきたい。

　もちろん、お子さんの教育について真剣に考えていらっしゃる一般の保護者も対象とした本づくりを行っているので、十分楽しんでいただけるものと自負している。

　教育観のシフトチェンジを行うためには、みなさんの行動が重要となる。「指示」されて動くのではなく、「要望」する形で「街を変えていく」といった気概を示していただきたいとも思っている。言うなれば、税金の有効活用である。それも、一番重要とされる教育行政において。

もくじ

日本のアタリマエを変える学校たち
——誰もがインターナショナルスクールで学べるように——

第 1 章

日本を変える学校・施設が急増中

——インターナショナルスクールが特別な学校ではない
　時代が到来！

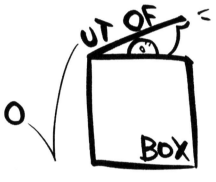

Out of Box
「自分の箱から出てみよう」

▶ 47都道府県に公立の
インターナショナルスクールをつくりたい理由

「お子さんが新型コロナにかかりました。迎えに来るのは可能ですか？」

という連絡が学校から入った。新型コロナ禍の2022年3月末、私の息子は全寮制のインターナショナルスクールで学んでいた。世界約80か国から集まってきた生徒たちの何割が新型コロナに罹患したのかは知らないが、息子がかかったのは2回目である。息子からの連絡以外はすべて英語、つまり、冒頭の連絡も英語であった。

全寮制の学校でも保護者会はある。どのような形かといえば、新型コロナ禍でなくてもオンラインとなっている。そこには子どもたちも参加しているのだが、保護者が住んでいる場所は世界中となるため、当然、時差がある。住んでいる地域によっては朝、昼、夜、夜中とさまざまな時間帯となるので、保護者も大変である。

時折、「ベッドの中だから顔は出せません」といったメッセージが入ったりもするが、多くの場合、活発な質問が出される。ただ、すべて英語なので、私がどこまで理解できていたのかは甚だ疑問である。分かったつもりになって自慢げに息子に話すと、あとから、「そんなことは言っていなかったよ」というチェックが入るという情けない保護者会を繰り返してきた。

「まえがき」で述べたように、私は現在、日本の全都道府県に

表1　日本におけるインターナショナルスクールの数

（都道府県・小中高別／インターナショナルスクールタイムスしらべ　2023年11月）

	都道府県	校数	小	中	高			都道府県	校数	小	中	高
北海道	北海道	2	2	1	1			三重県	1	1	0	0
東北	青森県	1	1	1	0		関西	京都府	6	6	4	4
	岩手県	1	0	1	1			大阪府	7	6	5	5
	宮城県	1	1	1	1			兵庫県	7	7	4	4
	秋田県	0	0	0	0			奈良県	1	0	0	0
	山形県	0	0	0	0			滋賀県	0	0	0	0
	福島県	0	0	0	0			和歌山県	0	0	0	0
関東	栃木県	1	1	0	0		中国	広島県	3	3	1	1
	群馬県	1	1	1	1			鳥取県	0	0	0	0
	茨城県	2	0	0	0			島根県	0	0	0	0
	千葉県	2	2	2	1			岡山県	0	0	0	0
	埼玉県	1	1	1	1			山口県	0	0	0	0
	東京都	41	39	31	19		四国	徳島県	0	0	0	0
	神奈川県	12	12	5	5			香川県	0	0	0	0
中部	長野県	3	1	1	2			愛媛県	0	0	0	0
	山梨県	1	1	1	1			高知県	0	0	0	0
	富山県	1	1	0	0		九州	福岡県	1	1	1	1
	愛知県	6	4	3	4			熊本県	1	1	0	0
	石川県	0	0	0	0			佐賀県	0	0	0	0
	福井県	0	0	0	0			長崎県	0	0	0	0
	岐阜県	0	0	0	0			宮崎県	0	0	0	0
	静岡県	0	0	0	0			大分県	0	0	0	0
	新潟県	0	0	0	0			鹿児島県	0	0	0	0
							沖縄	沖縄県	4	3	3	2
								全国	107	95	67	54

（注）ご覧のように、インターナショナルスクールは都会にしかない。地方では、存在すら知られていないだろう。

「公立のインターナショナルスクール」をつくることを目指して活動している。全寮制の高校、日本の高校生が世界中から集まってくる生徒と一緒に3年にわたって学び、暮らし、自分らしい人生を見つけるための学校である。

　これまでのように、中学校の延長という高校ではない。世界には、人生における選択肢が広がる大学が子どもたちに用意されているわけだが、あいにくと日本の場合、それらを選べる環境が整っていない。それを何とかしたい、と私は考えている。

　参考までに、アジアの教育事情を少し見てみよう。

　シンガポールでは、1987年から小学校の教育言語が英語になっている。ちなみに、この国の公用語は、英語だけでなく、中国語、マレー語、タミル語という4言語となっている。1963年にイギリスからの独立を宣言し、1965年に建国しているので、建国から約20年を経てのバイリンガル政策となる。

　また、「世界一幸せな国」で名高いブータンでは、1962年より、幼稚園から大学までの教育言語が英語になっている。つまり、シンガポールよりも早くバイリンガル政策をはじめているということだ。ちなみに、母国語はゾンカ語である[1]。

　2021年に公開された映画『ブータン山の学校』（パオ・チョニン・ドルジ監督）を観られた人も多いと思うが、教師と生徒が英語で対話しているのは、映画撮影のためではなく、学校では英語を話すのが当たり前となっているからである。

　一方、マレーシアはどうだろうか。現在のマレーシアの公用語はマレー語となっているが、1967年までは英語が公用語であった。この国には、マレー系、中華系、インド系の民族が混在

している。1963年にイギリスから独立を果たしたマレーシアは、公用語をマレー語に変更すると同時に、その後の10年間はマレー語と英語を公用語にしていた。

　このような背景があるから、マレー系同士の会話はマレー語で行われているが、他民族とのコミュニケーションになると英語が使われている。自ずと英語ができる人が多くなるし、現在、大学での授業は英語で行われている。

　一部の国の状況であるとはいえ、日本よりは英語がポピュラーになっていることはまちがいない。これらの情報は、インターネットで調べればすぐに出てくるものばかりだが、調べないと「知らないまま」となる。

　2022年と2023年に私は、オランダ、ドイツ、ベルギー、ルクセンブルク、マレーシア、シンガポール、カンボジア、ブータン、カナダ、オーストラリアを訪れている。「日本は先進国」と思い込んでさまざまな学校や大学・教育施設を訪ねたわけだが、すべての対応が英語であった。道を尋ねるのも英語だし、飲食店でのオーダーも英語、テレビを見ると、英語と現地の公用語で放送されている番組があるというのが普通であった。「子どものときにインターナショナルスクールに行ったら、日本語の能力が低くなる」という話を耳にした人も多いと思うが、私が訪れた国々の状況を見ると、この話は疑問に思われる。仮にそのような面があったとしても、バイリンガルのほうが今の

⑴　「ゾン」とは、僧院・行政・軍事の機能をあわせもつ城砦という意味である。

世の中は生きやすいと思うのだが、みなさんはいかがだろうか。

　ちなみに、シンガポールでは、自国民は現地校（現地の公立学校）に行かなければならないというルールになっている。実は、その現地校に行かせたいと思う外国人が多いようで、我が子の教育のためにシンガポールの市民権を得ようと必死になっているとも聞く。

　一方、ブータンでは、「子どもを何とか海外の大学に進学させ、海外で仕事を得られるように」と、親が必死に訴えていた。英語ができる彼らは、学びでも、仕事でも、公用語が英語の国でさえあればどこにでも行けるのだから羨ましい。

　とはいえ、「世界一幸せな国を出る必要はないのでは？」という疑念が私にあった。そこで、尋ねてみると、国民の約20パーセントがオーストラリアに渡っているという。思わず、その理由は何だろうか、と考え込んでしまった。

　また、マレーシアでは、「教師の海外流出が止まらない」と聞いた。マレーシアの国立教育大学で学んでいる大学生の話である。やはり英語ができるからだろうが、チャレンジ精神とともに所得アップを目指しているようだ。

　EU加盟国を見ると、加盟国内であればどこでも学べるし、働けるということが当たり前となっているので、進路に関するハードルは低い。「自国がダメなら外国へ」、「自国よりもよい条件の国で学びたい」とか「働きに行きたい」と思えるだけでも、気持ちのあり方が大きく変わってくる。

　断っておくが、ここで取り上げた国々の子どもたちは、インターナショナルスクールで学んでいるわけではない。自国の学

校において、母語ではない言語、つまり英語で学んでいるという話である。

　なかには、母語と英語の両方で学ぶという国（スペイン、オランダ、フィリピン、ネパール、ブルネイなど）もある。つまり、子どものうちから英語を使っているということだが、それだけでも羨ましい話である。なぜなら、余計なお金をかけずに、母語と英語が日常的に使えるようになるからだ。

　とはいえ、どちらかの言語のほうが「上手になる」、「使いやすくなる」という事態は起こっているようだ。先に挙げた「子どものときにインターナショナルスクールに行ったら、日本語の能力が低くなる」という話を肯定することになるが、ここではそれについて言及しないことにする。公用言語が一つである日本でも、日本語を十分に使いこなせない国民がたくさんいるからだ。

▶ 日本のインターナショナルスクール

　日本には47の都道府県がある。さて、インターナショナルスクール（小中高校）はどれくらいの地域にあるのかと思って調べた結果が5ページに掲載した**表1**である。改めて説明すると、2023年11月時点では次のような状況になっている（インターナショナルスクールタイムズの情報参照）。

　インターナショナル小学校があるのは21都道府県、中学校は18都道府県、高校は16都道府県となっている。逆にいえば、約半数の県、秋田県、山形県、福島県、石川県、福井県、岐阜県、

静岡県、新潟県、滋賀県、和歌山県、鳥取県、島根県、岡山県、山口県、徳島県、香川県、愛媛県、高知県、佐賀県、長崎県、宮崎県、大分県、鹿児島県には、小学校・中学校・高校ともにインターナショナルスクールがないということである。

しかし、日本全国には、インターナショナルスクールは小学校94校、中学校66校、高校54校が存在している。半数が関東一都6県に存在しているわけだから、地方にないのは当たり前である。

在日外国人のためにはじまったインターナショナルスクールであれば、地方になくてもよいだろう。しかし現在では、都会の子どもも地方の子どもも、同じように世界で活躍し、世界中の人々を受け入れるだけの経験値を必要とされている。ところが、地方にはそのような経験ができる学校がほとんどないのだ。

ちなみに、四国には、インターナショナルスクールは小学校・中学・高校のどれもない。このような状況だと、世界を「知る権利」すら保障されていないのと同じである。

ところで、わが国のインターナショナルスクールの定義が曖昧なものとなっていることはご存じだろうか。文部科学省のwebページ（就学事務Q&A）に以下のような記載があったので引用しておく。

　Q　学齢児童生徒をいわゆるインターナショナルスクールに通わせた場合、保護者は就学義務を履行したことになるのでしょうか。

　A　いわゆるインターナショナルスクールについては、法令

上特段の規定はありませんが、一般的には主に英語により授業が行われ、外国人児童生徒を対象とする教育施設であると捉えられています。インターナショナルスクールの中には、学校教育法第1条に規定する学校（以下「一条校」といいます。）として認められたものがありますが、多くは学校教育法第134条に規定する各種学校として認められているか、又は無認可のものも少なからず存在しているようです[(2)]。

　一方、小学館が刊行している『日本大百科全書（ニッポニカ）』では次のように紹介されていた。

　海外の言語・文化・教育理念などに基づいて教育をする学校。国際学校ともよばれる。おもに在日外国人の子供を対象とするが、帰国子女のほか、日本人の子供も学ぶことができる。日本では1872年（明治5）、横浜市に初めてサンモール・インターナショナルスクールが設置された。在留外国人の増加にあわせて増え、最近は外国語や国際性を身につけるために通う日本人が増えている。英語で教えるインターナショナルスクールのほか、フランス人学校、ドイツ人学校、ブラジル人学校、中華学校、韓国学校、朝鮮学校などが該当する。児童・生徒を対象とするほか、就学前児（2〜6歳）を対象とするプリスクールもある。学習指導要領にとらわれず、自

(2)　「11 学齢児童生徒をいわゆるインターナショナルスクールに通わせた場合の就学義務について」を参照。https://www.mext.go.jp/a_menu/shotou/shugaku/detail/1422252.htm　2023年10月10日閲覧。

由で独自の教育を実施し、学年の始期、終期が日本の制度とは異なり、学区規制も受けない。中高一貫校が多く、多言語で教えるところも増えている。

　第二次政権が2013年（平成25）に閣議決定した日本再興戦略以降、グローバル人材を育成するため設置基準の緩和が進んだ。しかし、日本では法律上の定義や規定はなく、学校教育法1条に基づく「学校」、学校教育法134条に基づいて都道府県が認可する「各種学校」、法制度に基づかない「無認可校」の3種類が併存している。インターナショナルスクールに通わせた場合、保護者は就学義務の不履行にあたるケースがあり、日本の学校への転校や上級学校の受験・進学が認められないこともある。日本の大学入学資格を得られるのは、（1）文部科学省が高等学校相当と指定した学校の卒業者、（2）国際バカロレア機構などの教育プログラムの修了者、（3）アメリカ西部地域私立学校大学協会（WASC）など、国際教育認定機関の認定を受けた学校の修了者に限られ、それ以外は、高等学校卒業程度認定試験（旧、大学入学資格検定）に合格する必要がある。公的支援が少なく、授業料は私立校などより高めになる。2020年（令和2）の学校基本調査によると、各種学校（その他の外国人学校に分類）として認定されたインターナショナルスクールは全国に143校あり、在籍者数3万1,023人であるが、無認可校とその在籍者が多数にのぼるとみられている[3]。

　このように、インターナショナルスクールについて、それなりの説明がすでにされているわけだが、インターナショナルスクール自体が日本ではあまり知られていないため、文面を見ても、一般の人には関係のない情報のように思えてくる。

　どこの国の子どもたちにも幸せに生きる権利があり、国や大人たちには、それをサポートする義務がある。上記の説明でも分かるように、現在の日本では、インターナショナルスクールは「外国人児童を対象とする教育施設」ではなくなっているのだ。そのことを、日本人としてどのように考えていけばよいのだろうか。

　その端緒として、これまでの価値観から出てくると思われる質問に答えていきたい。

Q　英語が話せなくても、日本のインターナショナルスクールに行けるのか？

A　日本のインターナショナルスクールは、小学校の低学年までだったら入学・転入が可能となっている学校が多い。高学年以上になると、英語で行われる各教科の授業が理解できるだけの英語力がないと入学不可能となるところが一般的である。もし、中学校や高校からインターナショナルスクールに行きたい場合は、海外にあるインターナショナルスクールの「英語補習コース」があるところを目指すことになる。

　つまり、「インターナショナルスクールに行きたい・行かせ

⑶　©SHOGAKUKAN Inc.　https://japanknowledge.com/contents/nipponica/
　　sample_koumoku.html?entryid=2336　2022年1月21日閲覧。

たい」と思ったときの子どもの年齢、および英語力によって選択肢が大きく変わるということだ。

Q　行きたいというニーズがあるのに、日本のインターナショナルスクールにはなぜ行けないのか？

A　日本にあるインターナショナルスクールが、一般にはあまり身近なものではなく、希望する人が学べる場となっていないのは、以下に挙げるような問題点があるからだ。

❶**費用**——日本のインターナショナルスクールは、運営コストが高額なことから、かぎられた人しかそこでの学びが選択できない状況となっている。年間の学費は、通学制で150〜300万円、全寮制だと600〜1,000万円（寮費含む）ほどとなっている。近年では、名門のボーディングスクール[4]も参入しているので、授業料などの高額化がさらに進むと思われる。

❷**高い英語力**——残念なことに、現在の日本では、学校における英語の授業だけで日常生活が送れるほどの英語力を身につけることが難しい。しかし、大多数のインターナショナルスクールが英語を学習言語としているため、ネイティブ並みの英語力が求められている。つまり、語学力の差が高い壁となっている。教育における公用語が英語でない日本だからこその課題と言える。

❸**英語不要論**——そもそも、英語が話せることや、インターナショナルスクールやダイバースな環境での学びは日本の子どもたちに必要ないと思っている大人が多数派となっている。「日本の教育は今のままではまずい」とか「インターナショ

ナルスクールの教育はよいらしい」といったイメージが少し
ずつ広がっているようだが、残念ながらまだ少数派である
（これが理由で、公立のインターナショナルスクールがなか
なか生まれない）。

❹日本の学校を卒業したことにならない——学校教育法の第1
条に定められている「一条校」のインターナショナルスクー
ルを卒業しないと日本の卒業資格が得られないため、多くの
子どもたちは、地元の公立学校に在籍した形でインターナシ
ョナルスクールに通っている。小中学校は義務教育なので、
このようなアラワザ（もはや一般的だが）も使えるが、高校
の場合は、一条校のインターナショナルスクールでないと日
本の高校卒業の資格は得られない。とはいえ、海外の大学へ
進学する場合には差し支えないところが多い。

　実は、このような質問や疑問は、私の周囲から発せられたも
のである。それを受けて、2022年11月、「インターナショナル
スクールは特別な学校ではない」というタイトルのオンライン
イベントを開催した。イベントの終了後、多くの保護者が残っ
て「質問タイム」となったわけだが、みんなが知りたいと思っ
ていたことは、「お金をかけずにインターナショナルスクール
に子どもたちを行かせる方法」であった。
　前述したように、日本にはまだ公立のインターナショナルス
クールがない。唯一、第3章で紹介する「広島県立広島叡智学

⑷　（Boarding School）全寮制の高等学校のことで、24時間のサポートを行っ
　　ている。

園」が公立のインターナショナルスクールに一番近いと言えるが、中高一貫校であり、全教科を英語で学んでいる高校への入学条件はかなり厳しいものとなっている。

しかし、多くの保護者が発した質問のように、公立のインターナショナルスクールを望んでいる日本人が大勢いるのだ。だから、本書で紹介していく学校や施設には、すでにたくさんの日本人が関心を寄せており、各学校とも、日本中から応募者が殺到している。

一つ残念なのは、これらの学校・団体の情報が届かないという人が圧倒的に多いことである。「情報過多」と言われている時代だが、興味がないと探さないし、目に留まらないというのが「情報」である。

一人でも多くの人々にこれらの学校・団体のことを知ってもらい、入学に向けて準備を整えてもらうこと、そして各学校・団体の動向が日本中に広がることを願って本書を著すことにした。

本書を読み、紹介されている学校を知ることで、潜在的なニーズが表出されていくことを願っている。すると、「ニーズが高まっている」といった社会風潮が生まれ、国や地方行政がそれを知ることになる。国民の需要に対して供給するというのが、すべての政治家の役目である。必然的に、「全都道府県に公立のインターナショナルスクールをつくろう」という気運が高まるのではないかと期待している。そうすれば、貧富と情報の差に関係なく、誰もがインターナショナルスクールに行けるようになる。

群馬県高崎市立「くらぶち英語村」
——英語で生活する小中学生の学生寮

秋の恒例行事である稲刈りを終えた子どもたち

基本情報 くらぶち英語村（2018年開設）
〒370–3405　群馬県高崎市倉渕町川浦1414番地1
TEL：027-384-4508
https://www.kurabuchi-eigomura.jp/

▶ 群馬県の英語村に誰がいるのか？

　ある日、群馬県に住む友人からメッセージが届いた。
「地元野菜を買いに行ったの。高崎インターを降りて少し行ったところに『くらぶち英語村』という看板があったんだけど、なんだろう？」

　私が「全都道府県に公立のインターナショナルスクールをつくりたい」と豪語していたからであろう。私が興味をもちそうな学校や施設を見かけた人からさまざまな連絡が入るようになった。この日も、そのような情報提供であった。すぐさま、この団体のことを調べることにした。

　驚いたことに、「ボーディングスクール（全寮制学校）」のボーディングの部分だけを行っている、英語で生活するという寮であった。小中学生を対象にしているようだが、何と高崎市立、つまり「公立」であった。

　高崎市が「くらぶち 英語村」の運営委託をしているのは「公益財団法人　育てる会[1]」である。「子どもと自然と田舎暮らし」を通じて、一人ひとりの生きる力を育む団体である。
「くらぶち英語村」を知ったときは、新型コロナ禍の真っ最中であった。すぐにでも伺って話を聞きたかったが、ひとまずは電話でのインタビューとなった。そして、1年後の2022年10月、初めて訪問することになった。向かった先は群馬県高崎市、これまで訪れる機会がなかった場所である。

▶ 地元の小中学校に通いながら「英語漬け」の寮生活

　新型コロナ禍も終盤となった2022年10月、私は横浜の自宅を午前6時に出発した。自家用車で現地に向かったわけだが、関越自動車道の前橋インターからは一般道を1時間ほど走ることになった。

　インターチェンジを降りて少し行ったら、空の広い田舎道がずっと続く風景となる。そして、旧倉渕村（2006年に高崎市に統合）に入ると、今度は森林が続き出した。車窓に、森と畑が交互に現れてくる。

　最寄りの鉄道駅はというと、JR東日本北陸新幹線の「安中榛名駅」となり、そこからだと車で30分ほどの距離となる。「くらぶち英語村」がある群馬県高崎市倉渕町は、群馬県と長野県との県境近くに位置している。言うまでもなく、自然豊かな場所であり、背中合わせに軽井沢があるわけだが、間に碓氷峠があるため、軽井沢まで行くとなると車で1時間近くはかかるだろう。

　周囲のロケーションを分かりやすく言えば、『まんが日本昔ばなし』（愛企画センター、グループ・タック、毎日放送の共同制作）に出てくるような、とても長閑な山の中となる。そういえば、このあたりの昔話に「五料の地蔵さん」というものがあるので、その内容を紹介しよう。

---

(1)　〒180-0006　東京都武蔵野市中町1-6-7 朝日生命ビル6F
　　TEL：0422-56-0151　E-MAIL：mado@sodateru.or.jp

　昔、五料という村の原っぱにお地蔵さんがいて、村の子どもたちはお地蔵さんの周りでいつも楽しく遊んでいました。ある日、たまたま通りかかった馬子が、馬の背に乗せた荷物のバランスをとるため、お地蔵さんを乗せてそのまま立ち去って行きました。大好きなお地蔵さんがいなくなって、五料の子どもたちはとても悲しみました。

　ある夜のこと、馬子が寝ていると、枕元にお地蔵さんが現れ、「私は五料が恋しい」と言って涙を流しました。びっくりして飛び起きた馬子は、道端に置いていたお地蔵さんを馬の背に乗せて、急いで五料に連れて帰りました。

　無事に五料に戻ったお地蔵さん、子どもたちがまた原っぱに集まるようになりました。子どもたちのはしゃぐ声を聞きながら、お地蔵さんは嬉しそうに笑っていました。（小野忠孝『上州の民話 第一集（日本の民話20）』未来社、1959年参照）

　このお地蔵さん、「私は五料が恋しい」と英語で言っていたのだろうか？

小学校に通う「くらぶち英語村」の子どもたち

倉渕小学校

旧川浦小学校の入り口にある看板は日本語がメイン

「くらぶち英語村」村長の高橋秀郎氏

　約束の時間は午前10時、子どもたちが学校に行っている時間を指定された。すでに新型コロナ禍を抜け、「with コロナ」が言われはじめたころではあったが、寮生活ということもあって、外部の訪問者に対する感染管理がまだ厳しいときであった。

　対応をしてくださったのは、「くらぶち英語村」の村長である高橋秀郎さん。以前は「国立那須甲子青少年自然の家」(福島県西郷村) に勤務し、「榛名林間学校榛名湖荘」(高崎市) の施設長をしていたという。村長に就任されたのは2018年4月で、「英語はあまり得意ではない」と言って苦笑いをされていた。

　ところで、「英語イマージョン (English Iimmersion)」という言葉をご存じであろうか。「くらぶち英語村」では、これを「英語漬けの生活」と呼んでいる。一般的な言葉ではないが、最近よく耳にする言葉でもある。

「くらぶち英語村」では、「集団生活」、「英語生活」、「体験活動」が理念の柱となっているが、このような生活がまさに「英語イマージョン」で行われている。

　日本の学校では、多くの場合、日本人の英語教師が子どもた

ちに日本語で英語を教えている。その際、子どもたちは、頭の中でいったん日本語を英語に変換してから学んでいると思われる。一方、「くらぶち英語村」の基本となっている「Immersion」という単語の意味を調べてみると、「浸ること、没頭、熱中」となるので、「英語イマージョン」は「英語にどっぷり浸かる」という意味になる。つまり、ここにおける寮生活は、「英語にどっぷり浸かりながら日常生活を行う」ものとなり、まさに「英語漬けの生活」となる。

▶ 2か月で変化する子どもたち

　ここは高崎市立の小中学生の寮であるが、日本全国から集まってきており、1年にわたって共同生活を行っている。生徒の全員が日本人である。過疎地域にある小中学校を廃校にしないためにどうしたらよいか、という課題解決策を考えるなかで生み出された「寮」なのだ。つまり、「英語が話せるようになる日常生活」と地域にある「公立小中学校への通学」がセットに

「くらぶち英語村」の全景。くらぶち産の木材を使用している

なっている。

「くらぶち英語村」は、地域にあった三つの小学校が１校に集約され、その後、廃校となった旧川浦小学校の敷地に建っている。その旧校舎をリノベーションしようと考えたそうだが、予想以上のコストがかかるため、旧校舎は倉庫として利用し、くらぶち産の木材を使って寮が新築された。ちなみにだが、その際に出た端材は薪ストーブの燃料として使われている。

「子どもたちは、２か月経ったら変わるんです。どんどん積極的になり、どんどん自分から考えるようになりますね。退寮時には、みんな英語が話せるようになります」

　と、高橋氏はにこやかに子どもたちの生活について話してくれたが、スタッフによると、全員が英語を話せるようにはなっていないようだ。「リスニング力」は高まるものの、日々の生活でより多くの外国人スタッフとかかわりをもった生徒のみが英語を話せるようになるそうだ。

　山村留学といった形式で、小中学生が地方の家庭にホームステイをしながら地域にある学校に通うというものは以前からあった。また、最近話題となっている「地域みらい留学[2]」のように、日本全国の高校生が、閉校の可能性がある高校に通いながら寮生活をするというものもある。それらがさらに進化したような、しかも小中学生向けの「くらぶち英語村」の存在を知って、正直、驚いてしまった。

---

[2]　問い合わせ先　一般財団法人 地域・教育魅力化プラットフォーム
　　住所：〒690-0842 島根県松江市東本町２丁目25-6　みらいBASE２階
　　TEL：0852-61-8866

24

　子どもたちが変化していく様子について、サポートをしている寮のスタッフＡさんが熱く語ってくれた。

　寮に来たときは全員が初めて顔を合わせる子どもたちなので、最初のうちは誰もがおとなしいです。早朝からはじまる清掃などのプログラムもすべて英語で、学校から戻ってくる16時前後から就寝までを英語で過ごしています。
　たとえば、掃除や食事、朝のミーティング、体操も英語で行っていますし、食事時間ももちろん英語です。寮生とほぼ同数いるスタッフとのやり取りもすべて英語なので、圧倒的

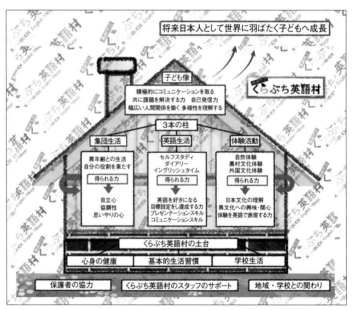

「くらぶち英語村」のコンセプト

に「英語を話す機会」が多いというのが特徴です。

　会話が増えるとスタッフとの信頼関係がどんどん高まり、単なる英会話ではなく、寮生から外国人スタッフに人生相談をもちかけたり、宿題の分からないところを尋ねたりなどといった、英語でのやり取りができるようになります。

　必要があるときには日本語を使うこともあります。日本語の宿題を日本人スタッフに教えてもらうときには、やはり日本語になりますね。学校にいる間は日本語ですから。

　寮生同士は、英語でも日本語でも会話をしています。寮生をサポートする外国人と日本人は全員が英語話者なので、英語で話すのが当たり前という環境があります。まちがいなく、学校の英語の授業とは異なる英語力がつくでしょう。英語が話せるようになる留学生がほとんどです。

　参考までに、私が驚いた特徴を箇条書きで列挙すると以下のようになる（2024年３月現在）。
- 月額料金は、小学生が82,500円（税込み）で、中学生は91,300円（同）となっている。本来の運営コストはこれらの４倍以上となるが、高崎市の補助がとても厚い。
- 定員は20人程度（全学年で）。
- 高崎市民ではなくても入寮が可能。ほとんどが県外の子どもたちで、その出身地は北海道から九州までと広い。
- 学力による選抜でなく、本人のやる気と健康状態に基づいて公平に選抜されている。
- 小学４年生から中学３年生が同居している。

・在籍生徒数以上の成人スタッフがいる。

・子どもたちのサポーターは、ネイティブの英語話者が8人、英語が話せる日本人が8人。これら以外に市役所の職員が4人、そして、食堂などのバックヤードに日本人スタッフがいる。

・高崎市立となっているが、学校ではないため、市長直轄の企画調整課がサポートを担当している。教育委員会の直下でないことから、独自の運営が可能となっている。

・約半数の生徒が次年度も留学を継続している。たくさんの子どもたちに「くらぶち 英語村」を経験してほしいため、必ず新しい留学生を受け入れるという体制をとっている。

　思いつくまま列挙したが、誰もが驚かれることだろう。親として一番気になるのは、入寮時の選考方法だと思う。「本当に子ども本人が入寮したいのかを、しっかり見極めています。親に促されて申し込んでくる子どもは分かるんですよ」と話す高橋村長の言葉は、全員が2か月で大きな一歩を踏み出せる背景を説明してくれているように思える。

憩いの場。薪ストーブと高い吹き抜けが壮観

▶ 子どもたちのやる気がそのまま成長につながる環境

　何と言ってもすごいのは、子どもたちが頑張る姿と、その成長ぶりである。初期のころは小学２年生から受け入れていたという、寮生の生活をのぞいてみよう。１日の予定は**表２−１**のように設定されている。

表２−１　小学生の１日

05:50	起床、英語で掃除や食事、朝のミーティング、体操
07:00	登校。４キロを１時間ほどかけて徒歩で登校。
	——地域にある小学校で過ごす——
16:45	帰寮。宿題、食事、入浴、日々のルーチンを英語で行う。
21:00	就寝。テレビ・スマホ・PC は一切使えない。

　みんなで田んぼを管理したり、一人ひとりの畑で思い思いの野菜や花を育てている。田畑の作業は、週末における子どもたちの息抜きの時間でもあり、地域の人々とのコミュニケーションの場ともなる。

　これまで私が日本の学校で見てきた「農作物を育てる」授業は、「準備された畑にサツマイモを植える（掘る）」とか「準備された田んぼやバケツで稲を育てる（収穫する）」といったもので、都会にある学校であればどこでも同じようなことを行っている。私自身、それが「アタリマエ」だと思っていた。

　しかし、ここで行われている様子を尋ねたところ、次のような答えが返ってきた。

みんなで田んぼの管理

「好きな野菜を自分の畑に植えて育ててみる」

「さまざまな野菜をみんなで分け合って、いろいろなものを食べてみる」

「いろんな野菜を合わせて一つの料理をつくる」

　思わず、当たり前の発想しかできていなかった我が身が恥ずかしくなった。

　地域に住む農家の人たちと一緒に田畑を管理し、つくるという農作物は、子どもたちの学びになるだけでなく、地域の人たちが子どもたちや学校現場に直接つながるため、「地域全体が学び舎」となる。学校という組織ではないからできることだろうが、地域の人たちからすれば、「自分たちの存在そのものが学校」になるわけだ。

▶ 「英語話者のカタマリ」があることで地域が変わる

「くらぶち英語村」が開設したことで地域がどのように変わったのかについて興味をもったので、髙橋村長に率直に尋ねてみた。また、生徒の数ほどいる英語を話す外国人・日本人スタッフは、子どもたちが学校に行っている間、何をしているのかに

子どもたちがテントを組み立てる

ついても尋ねてみた。

　世界中から集まってきたスタッフたちは、地域にある小学校の外部講師として、世界についての授業を英語で行っていた。たくさんの子どもたちと生活しているスタッフだから、日本の子どもたちの興味関心をうまく引き出しつつ、「もっと英語での会話ができるようになりたい」という願いまで導き出しているようだ。

　驚いたのは、地域に住む70代、80代の人に向けて「英語で遊ぼう！」というイベントを定期的に開催し、毎回、大盛況であるということだ。

「くらぶち英語村」の開設は、少子化による学校の廃校を防ぐためのものであったわけだから、子どもたちが少なくなる一方で高齢者が目立つという地域になる。そのような空間で、英語が高齢者の元気を引き出す材料となっている。

　一般的には、「英語で遊ぼう！」と言われると、やはり学校の授業を想像してしまうわけだが、英語が第一言語の国では、赤ちゃんからお年寄りまでがコミュニケーションの手段として

英語を使っている。それこそ当たり前のことであるが、そんなコミュニケーションが日本人のお年寄りにできるようになれば、地域にいる外国人とも会話ができるので楽しいに決まっている。

　簡単な英語の挨拶ができるようになるだけでも、お年寄りにとってはうれしいことだろう。それに、外国人が近くにいる生活、そんな日が来るとは思ってもいなかったであろう。

　この日の視察においては、「英語で遊ぼう！」の様子を見ることはできなかったが、きっと、覚えた英語を使って、町を歩く外国人スタッフや外国人観光客に挨拶をされているはずだ。

　何歳になっても、自らが成長するという過程はうれしいものである。「くらぶち英語村」にとっては簡単な地域交流だが、お年寄りにとってはとても大きな力をもらっているような気がしてならない。想像もしていなかったであろう効果が、このようなところにも出ている。

外国人スタッフと味噌をつくる

第2章　群馬県高崎市立「くらぶち英語村」　31

　毎月発行されている「KURABUCHI Times くらぶち英語村タイムズ」というものがある。冬の到来を示す挨拶文に「薪が足りない」とひと言書けば、翌朝には近所の農家から軽トラックいっぱいの薪が届くという。みんなの笑顔があふれる、ちょっとした出来事が毎日起こっているようだ。

　全国から集まる小中学生、外国人スタッフ、日本人スタッフ、そして地域の人々という、「くらぶち英語村」にかかわるすべての人たちが「**誰かの役に立つうれしさ・楽しさ**」を感じるという生活がここにはある。

　学校という場所は、子どもたちだけでなく、地域の人たちが集まる場であるはずだ。しかし、都会にある現在の学校を見ると、まるで周囲に住む人々を「遮断」しているかのような注意

「KURABUCHI Times」（2023年10月号）

書きが目立っている。

　2001年に発生した大阪教育大学附属池田小学校での無差別殺傷事件が理由なのだろうが、全国にある小中学校のガードは堅い。それに対して「くらぶち英語村」には、地域の人はもちろん、日本中、世界中から人が集まっている。本来、学校を取り巻く環境は、こうあってほしいものだ。

入寮選考が鋭い視点で行われている理由

　日本中から入寮希望者が集まるため、選考時には、十分な時間を取って子どもたちと過ごしているという。一人ひとりとの時間を多く取っている理由はほかでもない。子どもたちの本心を探るためである。前述したように、子ども本人の希望ではなく、保護者の思いから子どもを入寮させようとする場合があるからだ。

「本人が『来たい』と言う子どもじゃないとダメなんです。入寮後の覚悟も伸び代も、大きく違うんですよ」と、高橋村長は言う。

　高橋村長は、「くらぶち英語村」で生活をした子どもたちがどのような大人になったのかについて「追跡調査をしたい」とも言っていた。私もぜひ、成長した子どもたちがどのような青年になったのか知りたいところである。

「みんな、大人になったら、高崎市で働いてくれる？」と村長が尋ねると、

「もちろん来るよ」と、子どもたちが答えていた。

元気いっぱいの子どもたち

　未来のために今がある——このような会話を聞いて、私まで
うれしくなってしまった。

　前述したとおり、寮費の家庭の負担は実質コストの５分の１
となっている。つまり、２割を家庭が負担し、８割は地方自治
体の負担となっている。公立でここまでやるというのは「太っ
腹」だと思うし、それを了解している高崎市民が、「どこの子
どもも、みんなうちの子ども」と思っているからであろう。

　私にはデンマークの「フォルケホイスコーレ[3]」で学んだ経
験があるが、フォルケホイスコーレの学費・寮費は、デンマー
ク人以外の学生に対しても政府からの補助があり、自己負担は
３分の１ぐらいであった。それと同じことが、ここ「くらぶち
英語村」でも行われていた。

　このような制度を確立したのは、高崎市長（４期目）の富岡
賢治氏である。元文部科学省の官僚であった富岡市長が、海外

───────────────
(3)　フォルケホイスコーレについては、『改訂二版　生のための学校』（清水満
　　編著、新評論、2024年）を参照してください。

駐在や学校法人の経営者を経験
したのち、「今の子どもたちに
必要な経験・能力育成ができる
場所」という思いでつくったの
が「くらぶち英語村」である。

富岡賢治市長

　先に述べたように、最初は廃
校利用がきっかけであったが、
旧校舎のリノベーションに4～
5億円もかかることが分かった
あと、くらぶち産の木材を使っ
て同じ金額で寮を新築すること
にした。市長の着眼点とともに決断のすごさが際立っている。
市長のこれまでの経験が、子どもたちの未来とともに街まで変
えることになっている。

　開村の初年度、関東圏のみに新聞広告を出したが、2日で
2,000件もの問い合わせがあったという。我が子に英語力をつ
けてあげたい、子ども自身の力で生きられるようになってほし
いという家族の願いが、この問い合わせの多さからも伝わって
くる。

　一家庭が負担することになる月額8万円から9万円という寮
費は決して「安い」とは言えないだろうが、これらの投資は、
その子どもや家庭だけではなく、日本や地球の未来につながる
ものとなる。

　私の息子は、中学までは公立学校で学んだ。公立だから、日
本全国一律の教育が受けられる——私は、それで十分だと思っ

中学生は自転車で通学

倉渕中学校

ていた。しかし、教育業界に携わるようになってからは、子ども自身が考えられる世界を本人が想像する以上に広げる必要があると思い、イギリスのボーディングスクールへの転校を促した。

　もちろん、日本にあるインターナショナルスクールへの入学も考えたが、その際、「お母さんの英語力では、お子さんはうちの学校に入ることはできません」という返信メールを見て、涙がにじんでしまった。気付いたときには「時すでに遅し」ということがあると知った瞬間である。

　子どもたちに選択肢を提供できるのは、言うまでもなく、周りにいる大人たちである。それは親であり、家族であり、教師である。一人でも多くの子どもたちの未来をより楽しいものにしたいという大人が、「くらぶち英語村」にはいる。そして、次に来る子どもたちを待っている。

　個人的な希望を述べれば、「くらぶち英語村」のようなところが全国につくられ、より多くの子どもたちが英語で生活できるようになってほしい。そうすれば、地域を問わず多くの子ど

もにチャンスを与えることができるし、経済的な負担も軽減できるだろう。少子高齢化で頭を抱えている自治体の担当者のみなさん、真剣に考えていただけないだろうか。

富岡市長は、構想10年、市長になって2年でこの英語村をスタートしている。「思いがあれば形はできる」と、私は勇気をいただいた。

そういえば、スタッフの一人が、保育園に子どもを送り届けたとき、ほかの子どもたちが英語で話しかけてきたり、「英語の勉強をしはじめている」と言う子どもがいます、と話していた。そのような日常を知るにつけ、ほほ笑ましく思ってしまう。

やはり、**周りにいる大人によって子どもは変わるんだ**、と確信した瞬間であった。

第 3 章

広島県立「広島叡智学園」(中高一貫校)

──公立で一番インターナショナルスクールに近い学校

サマースクールのプログラムで大崎上島を一周

基本情報 広島県立広島叡智学園中学校・高等学校
（2019年 4 月開校）
〒725-0303　広島県豊田郡大崎上島町大串3137-2
TEL：0846-67-5581
https://higa-s.jp/

一番インターナショナルスクールに近い
公立の学校はどこ？

　本章で紹介する「広島県立広島叡智学園 HIROSHIMA GLOBAL ACADEMY」は、高校では英語で「国際バカロレア」（IB：International Baccalaureate）が学べるという全寮制の中高一貫校である。

　国際バカロレアとは、国際バカロレア機構（本部ジュネーブ）が提供する国際的な教育プログラムのことで、1968年、チャレンジに満ちた総合的な教育プログラムとして、世界の複雑さを理解し、それに対処できる生徒を育成し、未来へ責任ある行動をとるための態度とスキルを身につけさせるとともに、国際的に通用する大学入学資格（国際バカロレア資格）を与え、大学進学へのルートを確保することを目的として設置されたものである。現在、認定校に対する共通カリキュラムの作成や、世界共通の国際バカロレア試験、国際バカロレア資格の授与などを実施している。

　日本だけでなく、世界中から生徒が集まるというこの公立学校を訪問したのは2023年1月である。午前中に訪問すると約束していたので、前日に瀬戸内海に浮かぶ「大崎上島」（広島県豊田郡）まで移動することにした。

　このような先進的な学校がある島だから橋が架かっているに違いない、と思い込んでハンドルを握っていた。しかし、カーナビや google マップで「広島叡智学園」を検索しても、フェ

大崎上島町

第7 さんよう350

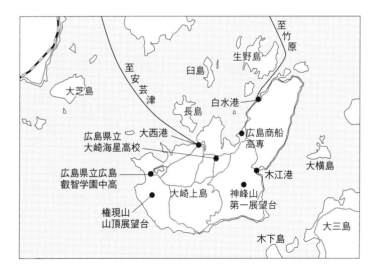

リー乗り場である竹原港（竹原市）に誘導された。

　ご存じのように、本州と四国の間にある瀬戸内海の島々にはいくつかの橋が架かっている。地図をよく見ると、隣の大三島には「多々羅大橋」などを経由して行くことができるが、目的地の大崎上島には、車を走らせて行くことができなかった。

　とはいえ、フェリーで海を渡ったのは正解だった。瀬戸内海の小さな島々は神々しく、30分ほどだが、のんびりと島を眺めながらの船旅にとても心が洗われた。到着後、この島に住む知人がすすめてくれた民宿に宿泊し、翌日、広島叡智学園に向かうことにした。

「すべての都道府県に公立のインターナショナルスクールが必要」という思いから、日本国内で先駆的なグローバル教育に取り組んでいる学校を探しては訪問してきた。ある日、オンライン媒体の「インターナショナルスクールタイムス」の編集長である村田学氏（199ページから参照）に「インターナショナルスクールに一番近い公立の学校はどこだろうか？」と相談したところ、広島叡智学園を紹介された。

　前述したように、同校は中高一貫校の全寮制で、国際バカロレア・英語で多くの授業を行っている日本で唯一の公立学校である。中学校はMYPを日本語で学び、高校では「英語DP」と「日本語DP」の選択制で学びを提供している。公立高校において、英語DPと日本語DPから選択できるというのは初めてである。

　改めて、国際バカロレア（IB）の説明をしておこう。IBは国際バカロレア機構（本部ジュネーブ）が提供する国際的な教

育プログラムであり、日本の文部科学省も、IB認定校などを200校以上にすることを目標にしてきた。

　IBは、学齢に合わせた学びになっている。PYP（Primary Years Programme）は3歳〜12歳までを対象としており、精神と身体の両方を発達させることを重視しているプログラムである。一方、MYP（Middle Years Programme）は11歳〜16歳までを対象としており、青少年に、これまでの学習と社会のつながりを学ばせるプログラムとなっている。

　そして、DP（Diploma Programme）は16歳〜19歳までを対象としており、所定のカリキュラムを2年間履修し、最終試験を経て所定の成績を修めると、国際的に認められている大学入学資格（国際バカロレア資格）が取得できるというプログラムである。

　世界的にIBは、英語、フランス語またはスペイン語で授業が行われているが、日本では、日本語によるIBDPの学びを提供する高校も増えつつある。広島叡智学園では、前述したように、中学校は日本語によるMYPを、高校では日本語によるDPと英語によるDPを提供している。この学校を調べていると、「インターナショナルスクール＝私立」という思い込みが崩れてしまった。

広島叡智学園の入り口

英語で授業を行う公立の全寮制高校がなぜ広島に？
——「広島で学んでよかった」と思える日本一の教育県

　この学校は2019年４月に開校している。中学校の生徒数は各学年とも40人となっているが、高校からは新規の入学生が20人加わるシステムとなっており、現在、約200人が在籍している（2023年４月１日現在）。外国人はもちろん、世界各国に住む日本人家庭の子どものほか、両親の一方が二つの国籍をもっているというさまざまな生徒が集まっている。

　実は、人口が8,000人に満たない大崎上島には、寮のある高校が広島叡智学園以外にも、「広島県立大崎海星高校［地域みらい留学認定校］」と「国立広島商船高専」がある。「教育島」とも呼べる、珍しい地域となっている。

　2014年に広島県が掲げた「学びの変革アクションプラン」の「コンピテンシー[1]の育成を目指した主体的な学びの充実」という目標を受け、「広島で学んでよかったと思える日本一の教育県の創造」を目指して、広島叡智学園の開校が計画された。中学・高校ともに国際バカロレア（IB）を採択した理由として、「学びの変革」をするためには授業を「教授型」から「課題発見・解決型」に変える必要があり、通常の学びにおいてそれを実践する場を必要としたからである。

　言うまでもなく、生徒一人ひとりには個性がある。IBを採択したのは、「そのような生徒の主体性をきちんと把握しながら教育する必要があったから」と言う。生徒ごとに性格が異なるように学校にもそれぞれ性格がある。広島叡智学園は、子ど

もたちの個々の主体性に沿った学びの場を提供するためにIBを採択したわけである。

この学校の一番の特徴は、公立の一条校であるうえに、高校では日本語DPと英語DPが準備されているため、生徒はどちらかを選択できるというところである。つまり、英語DPを選択した生徒は、ほぼすべての授業を英語で受けることになる。

国際バカロレアの化学（日本語）の授業を受ける高校1年生

なお、文部科学省の「高等学校学習指導要領」に則ってカリキュラムがつくられているため、「家庭科」や「情報」といった授業もある。さらに、芸術の選択科目として「FILM（映像制作）」があるというのは、日本のIBDPコースでは珍しい。日本の学校の場合、「美術」と「音楽（楽器）」から選択するというのが一般的であるからだ。

一方、言語教科では、英語（日本人生徒が対象）か日本語（外国人生徒が対象）からの選択となっており、ほかのインターナショナルスクールのように、中国語、スペイン語、フランス語などといった言語教科は準備されていない。

---

(1) グローバル化と近代化によって多様化し、相互につながった世界を生き抜くために必要な能力で、単なる知識や技能だけでなく、態度などを含むさまざまな資質・能力を活用して、複雑な要求（課題）に対応できる実践的な力のことを指す。広島版「学びの変革アクション・プラン」参照。

校歌も英語と日本語

　地方の公立学校では、さまざまな言語の教師を採用するというのは難しい。そのスキルがある教師（主に外国人）が少ないうえに、広島の離島で働きたいという外国人教師を探すというのには無理がある。

　海外のインターナショナルスクールでは、担当教員の準備ができない場合、オンラインで授業を提供するといったことがよくあるが、当然、その分だけコストが上がることになる。要するに、選択肢を広げるほどコストアップになるわけだから、言

イギリス人が行う化学の授業（英語）。外国人と
日本人が混ざっている

語教科を英語と日本語に絞るというのは正しい選択である。

　学校運営では、学級担任やホームルーム担任制度といった一般的な高校のシステムがあるほか、スクールカウンセラーの数も日本における基準を満たしている。4月に始業し、翌年の3月に修業というところを除けば、「公立のインターナショナルスクール」と言っても過言ではない。

▶「島まるごと」がサポートするIBの学び
──地域課題の発見・解決の親和性を高める

　地域連携にも特徴がある。家庭科で行われている地域連携は、実技・実習において地域住民の協力を得ている。家庭科の学びが課題発見・解決に直結するものとなっており、「島民の協力があって初めて家庭科の授業が成り立つ」と担当教師が言っていた。

　座学はあまりなく、島に残る何十年も前からのよい伝統を授業に取り入れたり、広島弁を使った保育実習などを家庭科の学びとしている。

　保育実習の際には、島にある認定こども園に通う子どもが学校に来ていたという時期もあった。今は、生徒が園を訪問して実習を行っている。「総合的な学習の時間」がこれにあたるわけだが、小さな子どもに触れ合うといったイベント開催を兼ねた授業になっているようだ。

「子どもを育てるということを、家庭科の授業として学ぶ」と聞いたとき、発想の独自性だけでなく、「島まるごとがサポートしてくれている」という意味がよく理解できた。

ブルーベリーの収穫

オリーブの植樹

「教科横断授業」という言葉を聞いたことがあるだろう。日本の一般的な教育では、数学・社会・英語・理科・国語という教科ごとの授業が行われているわけだが、海外の学校では、あるプロジェクトを実施するなかで、これらの教科を同時に学ぶというスタイルを取っている場合が多い。私見だが、この地域連携が教科横断授業にとても似ているのではないかと思った。

　生徒たちは、授業を通じて地域の人々が行っている子育ての様子を体感している。だからこそ、一般的な家庭科の授業内容以外の、さまざまな学びを得ているように感じられる（なお、家庭科の授業は日本語で行われている）。

　授業以外の地域連携も活発で、週末になると、地域の人たちが子どもたちを「保護者」の立場で見てくれている。親元を離れて６年間を学校や寮で過ごすため、生徒たちにとっても学校外の大人との触れ合いはとても刺激になるし、励まされることにもなる。

　島の人たちは、生徒たちのことを自分の子どもや孫のように考えており、いつも挨拶してくれる生徒が挨拶をしなかった場合は、心配になって学校に連絡するということもあるようだ。

コンサートやミュージカルが開催できるホール
にもなる開放的なカフェテリア

一般的な学校ではあまり見られない光景である。

　さて、学校として残念だったことは、地域連携としてやりたかった「学校のカフェテリア（食堂）」の一般開放が、中学校における給食のルール上、実現できなかったことである。

▶ IBで学ぶ生徒と一般的な県立高校生との違いは？

　見出しのような質問に、当時の福嶋一彦校長が次のように答えてくれた。

　一番の大きな違いは、1クラスが20人以下で授業を受けられることではないでしょうか。学校経営という意味では、明らかに燃費の悪い学校だと思います。しかし、一人ひとりの子どもたちの学びや経験はほかの学校ではできないものとなっています。子どもは一人ひとりが違うので、まさにそんな

48

学びが実現できていると思います。

2022年度に、高校生が「広島県科学オリンピック」で広島県知事賞（金賞）をいただきました。彼らは広島叡智学園中学校の1期生で、中学からIBで学んできた生徒です。PTAのみなさんが、生徒たちの頑張りを称える横断幕をつくってくださいました。

にこやかに話してくれた福嶋校長

そうそう、生徒が授業を受ける態度も、一般的なインターナショナルスクールのようになってきました。私の話を聞く

図書館には英語と日本語の本が並ぶ。「生物クラス」で使うスケルトン模型も常設されている

ときに足を組んでいる生徒もいますが、前任校だと、担任も一緒に注意されたかもしれませんね。しかし、ここでは、自分が話を聞きやすい体勢をとるというのは当たり前なのです。どちらが良いとか悪いという話ではなく、当たり前が国や教育方針で変わるものであるということを、私たちも日々学んでいます。

▶ 広島県立だが県外からも生徒が集まる ——入試・寮生活・進路

　日本語MYPで学ぶ中学校には、広島県内外の日本人40人が入学している。前述したように、高校からは20人が追加され、主に外国人や海外に暮らす日本人家庭の子どもの入学枠となっている。

　高校から編入する日本人生徒の場合、海外での修学期間が「5年以上」という条件となっているので、在外日本人にとっても少しハードルが高い。そのため、入試は中学入試がメインとなっており、中学受験では、第1次で適性検査と集団面接が行われ、第2次でグループワークや個人面談が行われている。

　一方、高校入試は9月となっており、入学希望者が世界から集まるためオンラインで行われている。高校からの入学者は世界各国から集まるため、オンラインでしかできないのだ。外国人生徒の募集に関しては、「あしなが育英会」などの遺児をサポートする団体との連携による募集と一般入試の2種類が用意されている。

　ちなみに、試験内容は「面接」と「口頭試問」となっている

ほか、英語の授業についていけるだけの英語力が必須となっているので、一般的な日本人にとっては少し難しい。

さて、授業料だが、公立であるため中学は0円、高校は月額9,900円となっている。寮費や食費などの諸費用を含めると、中学が月額43,000円、高校は61,000円程度と、生活費もかなり抑えられている。

全寮制の大きな特徴といえば、生徒のコミュニケーション能力がとても高くなることである。複数の子どもたちが生活する寮では、言うまでもなく、日々小さなトラブルが起きている。それらを自分たちで話し合って解決していくわけだから、相手の気持ちを考えるという能力も、話し合いで解決していくための能力も、自ずと備わっていく。

寮は、中学生と高校生が混じり合った、異年齢・多国籍の共同生活となっている。個室と2人部屋の2種類があり、個人学習ができるスペースが確保されているほか、共有リビングでユニットメンバー（同室で生活する仲間）との交流が自然と行えるデザイン空間となっている。

まるで北欧。学校と同じ敷地内に男女別の寮がある

寮の内部

　気になるのは、高校卒業後の進路である。「これまでの県立高校にはない進路を見つけてあげたい」と学校は考えている（2023年11月時点では卒業生は存在しない）。その背景には、全国模擬試験などで評価が決まる、偏差値に合わせた大学選びではなく、「本人が興味をもつ大学・行きたい大学」に進学させてあげたいという配慮がある。

「少し残念なことだが……」という前置きのあと、次のような話があった。

「今の高校2年生が中学入学時には、入学者の6割が海外の大学への進学を希望していたのですが、高校に進級するころにはそれが少し減ってきました」

　これについて、学校側は次のように分析している。

「高校生になると、中学受験を決めた小学校6年生のときとは考え方が異なるようです。海外の大学の場合、授業料や生活費などで多額の費用が必要となります。自分の家庭の経済事情などが分かるようになってきて、経済的に難しいと考えるからでしょう」

　中学生として入学したころは新型コロナ前、その後、次々と大学生の海外留学が中止されるといったニュースが流れ出した。いつから海外の大学へ正規留学や交換留学ができるようになるのだろうかと、疑問に思ったこともその理由となるだろう。ご存じのように、2023年度からは海外との交換留学も復活しているので、生徒たちもほっとしていることだろう。

▶ 生徒がこの学校を選んだ理由は？
——どのような生徒が集まっているのか？

　2023年度の高校2年生が第1期生であり、この学校で学ぶ5年目の生徒となっている。すべての生徒に聞いたわけではないが、「1期生だからこの学校を選んだ」という答えがたくさんあった。

　「ファーストペンギン」[(2)] が希望という頼もしい子どもたちのなかには、インターナショナルスクールの出身者や、外国籍および日本との二重国籍という生徒もいる。インターナショナルスクールの出身者は1学年に1～2人だが、この学校に集まる日本人生徒だけを見ても、多様な子どもたちが集まっていることが分かる。

　高校からの外国人は、現在12か国（アメリカ、メキシコ、ウガンダ、インド、ガーナ、フィリピン、オーストラリア、ニュージーランド、イギリス、イタリア、スウェーデン、中国）から受け入れているが、今後はもっと多くの国からやって来ることになるだろう。

▶ 生徒だけでなく、教師も毎日が学び

　教師数は52人で、広島県が採用した日本人教師は38人、英語話者の教師は14人となっている。日本人教師は、IBやインターナショナルスクールに馴染みがない人がほとんどであったため、開校当初はとても大変であったようだ。現在でも、課題発

授業風景

　見と解決のための対話やミーティングを毎日行っており、教師
の探究活動が続いている。
　言うまでもなく、日本人と外国人では仕事の仕方が異なる。
外国人教師は契約書に書かれている教科指導にウエイトを置い
た業務内容を履行するが、日本の学校で慣習とされてきた「教
科を教える以外の業務」は外国人教師には割り振られていない。
それらは、自ずと日本人教師に按分される形となっている。
　38人という日本人教師の仕事内容は、一般的な県立高校の業
務以上のものになっていると推察される。
　中高一貫であり、全寮制の学校を運営するうえにおける「ア
キレス腱」を紹介しよう。それは、先ほど紹介した「寮」での
話である。

_____

(2)　ベンチャー精神をもって行動する個人や企業に対して、尊敬を込めて呼ぶ
　　言葉。ご存じのように、ペンギンは集団で行動をしている。その群れのな
　　かで、最初に海に飛び込むという勇気あるペンギンを称している。

自然いっぱいな大崎上島の雰囲気を損なわない木目調の体育館には光が最大限に入る仕掛けとなっている

　中学生と高校生では行動が大幅に異なり、「中学生の対応には高校生の５倍ほどのエネルギーが必要だ」と言っていた。また、現在12か国から来ている外国人だが、今後は宗教の異なる生徒も増えてくるだろうし、生活様式だけでなく、食事や考え方など、日本人だけの学校とは大きく異なる課題が出てくるだろうと学校側は予測している。

　どうやら、立ち止まって考えるだけの余裕がないほど、教師たちは毎日新しいことに出合い、対話し、解決しているような気がする。

　学校のジレンマについては、「課題発見解決型の学びを生徒一人ひとりに提供しているが、日本の大学受験制度がその学び

方と合致しない」と言い切っている。日本における大学入試の形態もかなり変わってはきているが、IBの学びをしてきた生徒が日本の大学に受け入れられるのだろうか……。まだまだ困難とされている現状の改善を期待したい。

　そういえば、福嶋一彦校長（当時）自らが「燃費が悪い学校」と言い切ったことが非常に印象深かった。逆に言えば、「燃費の悪さを超える成果が求められる」学校だとも言える。それを証明するのが、次のような言葉である。
「生徒たちは、大崎上島の人たちの課題発見・解決を行いたいと思ってさまざまな活動で頑張っていますが、実は島の人たちにお世話になることが多く、多くの大人に見守られているなかで自分たちが成長していることを実感しています」

　新しいことをするには大きなエネルギーが必要となる。さまざまな困難を乗り越えるためには、何事においても効率よく処理することはできないだろう。

　私には想像もできないような諸問題に立ち向かっている教師たちの言葉は、とても重く感じられた。そして、それを理解している近隣住民がいる。誰しもが、この学校をサポートしたくなるのだろう。このような学校がすべての都道府県にできたらいいのになあーと思いながら、フェリー乗り場（白水港）に車を走らせた。

　実は、このあと、この地域でつくられている手づくり醤油を買うために、その工場の場所を歩いていた男性に尋ねている。

生徒の描いた壁画が、トマト農家のシンボルになった

すると男性は、

「あなた、その車はスーパーの駐車場に置いておいて、私の車に乗りなさい」

と言って、工場まで案内してくださった。その車中で、この男性が次のように話してくれた。

「当時、私は町議会議員で、町の人たちにこの学校を誘致しようと、1軒1軒声をかけて回ったんだよ」

　何気なくこの男性の表情を見ると、広島叡智学園ができたことを本当に喜んでいる様子が伝わってきた。学校で聞いた地域連携の話がリアルに感じられたひとときであった。

第4章

「インターナショナルスクールオブ長野」
（0歳児から中学生まで）

―世界という選択肢をすべての子どもたちへ

五常キャンパスでのワークショップ後に撮影した ISN の
教師たち

基本情報 インターナショナルスクールオブ長野
（2012年4月開校）
松本市・上田市・長野市・中野市・五常市
（各キャンパスの住所は本文を参照）
https://isnedu.org/

58

▶ 世界という選択肢をすべての子どもたちへ

　近年、日本にもインターナショナルスクールが雨後の筍のように増えているが、英語で生活する幼稚園・保育園がほとんどの都道府県にある一方で、インターナショナルスクール（小中高校）はまだ23の県にしかない（5ページの表参照）。東京を中心とした関東圏、関西、中部地方、そして一部の政令指定都市にはあるが、そこは、外国企業や外国人が生活する地域であり、日本の私立学校よりも高い学費が払える人々が住んでいるエリアとなっている。

　親ガチャ、地域ガチャ、国ガチャ──日本ではインターナショナルスクールなんて、いつまでたっても、見ることも聞くことも、もちろん学ぶこともないという地域が大多数なのだ。

　インターナショナルスクールと聞くと、さまざまな国の子どもたちが集まっているという印象が強いだろう。実は、最近日本に増えつつあるインターナショナルスクールは、生徒の多くが日本人というところも多い。つまり、イメージを覆すインターナショナルスクールである（世界的にも、その国の子どもがほとんどというインターナショナルスクールが増えている）。

　学校に入ってみると、貼り紙や掲示物は英語で書かれているが、生徒を見れば日本人だということがすぐに分かる。さて、このような状況は悪いことなのか、それとも良いことなのか。「ダイバーシティ」とか「多様性」という言葉をよく耳にするようになった。そして、「うちの子どもが、どのような世界で

も生きていける大人になってほしい」とか「英語が使えるようになってほしい」と多くの親が願っている。そのような需要にこたえる形でインターナショナルスクールが増えているわけだが、「せっかくインターナショナルスクールに子どもを入れたのに、周りの生徒は日本人ばかりだ」という声が聞かれるようになった。

　考えていただきたい。日本の街を歩いているとき、観光客以外で外国人に出会う機会はどれくらいあるだろうか。もし、外国人が住んでいない地域において、外国人がたくさん存在するインターナショナルスクールがあったとするなら、そこの自治体はとんでもない仕組みをつくっていることになる。

　現在置かれている環境において「ベスト」となるインターナショナルスクールを運営し、グローバルな環境で生きていける、海外の大学でも学べるように生徒をサポートし、すべての授業

一人ひとりの意見を英語でディスカッションする時間

を英語で行うというインターナショナルスクールがこれからは
多くなると思われる。

　実際、「インターナショナルスクールオブ長野」（以下・ISN
と表記）を見てびっくりした。ほとんどが日本人の生徒なのに、
全員が英語で話しているのだ。このようなインターナショナル
スクールが日本の学校を変えるんだ、と思った。

　ちなみに、ISN の小学部は、IB プログラムを採用しながら
も文部科学省が認める一条校である。つまり、ISN の生徒は、
日本の小学校を卒業したことになる（中学校は、私立のフリー
スクールとなっている）。

▶ 日本人だけでもインターナショナルスクールは成り立つ

　2022年の秋、東日本の学校めぐりをしていた。石川県にある
「国際高専」（次章参照）へ訪問した翌日、長野県へと移動した。
オーストラリアの大学が1月からはじまるため、インターナショ
ナルスクールを卒業したばかりの息子にも同行してもらった。
本人が通った学校（第8章参照）と今回の訪問先を比較しても
らうためである。車1台で動くわけだから、かかる交通費は同
じである。

　20歳を過ぎている息子、運転免許はもっているが、我が家の
車は21歳以上という条件で自動車保険に入っているため、運転
手は私だけとなる。

　前日に松本市に入った。学生時代から大好きだった安曇野の
ユースホステル「安曇野パストラル[1]」に宿泊させていただい

た。私が20歳のころからお世話になっている宿だけに、オーナー夫婦は後期高齢者となっており、「夕飯の用意はできない」と言う。仕方なく、一番近いコンビニでお弁当を買って宿に向かった。

　宿泊客は私たちだけ。お弁当を食べたあと、クラシック音楽を聴きながらオーナーと話をしたのだが、松本市に住む知人が海外から戻ってきて、お子さんが「公立学校に転入したところだ」と言う。

　偶然とは重なるものである。このご家庭でも、公立学校とインターナショナルスクールのどちらにしようかと迷っていたようだ。結局は公立学校を選んだらしいが、その方はどこにいても仕事ができるようなので、今後のことは分からない。

　その後、ISN代表の栗林梨恵氏と訪問に関するやり取りを電話で行った。2022年当時はキャンパスが八つあり（松本、長野、中野、上田ほか）、1日でプレスクールから中学校までを見学することになっていた。つまり、複数箇所への移動が必要となるため、見学スケジュールをしっかりと立てたわけである。

　10月13日（木曜日）、ISNの島内キャンパスに到着して最初に感じたのは、外国人の生徒が少ないことである。近年は地方都市にある公立校でも外国人の数が増えていると聞くが、ISNの場合、純粋の日本人ではない子どもたちの割合は全体の30パーセントぐらいで、外国人の割合は20パーセントほどである、とのことだった。

⑴　〒399-8301 長野県安曇野市穂高有明8508-1

子どもたちが描いた、世界に貢献した人物の等身大の絵

　そんな環境にお構いなく、子どもたちは普通に英語で勉強を
しているし、友達と英語で会話をしていた。生徒の多くが日本
人であるわけだが、学校の目標に向かって教師と生徒が力を合
わせ、インターナショナルスクールの学びを定着させようとし
ている姿が印象的であった。

　ISN は、アセスメント（客観的評価）として、「なりたい自
分になる」と「自ら創り出す」の二つを大切にしている。それ
をふまえている生徒や学校、そして経営陣は、日々進化を遂げ
ている。

「松本・信州の子どもたちに、英語くらいは問題なく使えるよ
うになってほしい」という栗林氏の思いからはじまった ISN
は、小さな認可保育園からスタートしている。それから 10 年が
経った今、「地域の子どもたち」にグローバルシチズン（地球
市民）になる学びを提供している。

「こんな田舎で、インターナショナルスクールなんて成立する

はずがない」という声もあったようだが、かかわっている全員
が、「自分の生まれ育った地元を、世界から客観的に観察する
力」が付くようにと変化を受け入れ、その変化を生み出す仲間、
つまり生徒から学校経営者・地域までを巻き込んで、みんなで
その過程を楽しんでいるという。逆の言い方をすれば、この地
に生きる人たちが変化を楽しめる人たちだからこそ、このよう
な学校がつくれたのであろう。

　ISN は、生徒・学校・地域が自ら進化を遂げながら成長を続
けているインターナショナルスクールだと言える。

　ISN のキャンパスでは、認可保育園から中学校までがインタ
ーナショナルスクールとして運営されているわけだが、各キャ
ンパスの基本情報は以下のようになる。

主なキャンパスの基本情報（2024年4月現在）

島内キャンパス（松本エリア）

2018年開校。北アルプス一帯を見渡すことができる、開放感ある
キャンパス。周辺はたくさんの緑に囲まれており、いろいろな鳥
や昆虫を見ることができる、自然に恵まれたロケーションとなっ
ている。

住所　〒390-0851　長野県松本市島内7779-1

電話番号　0263-88-6562

対象　満３歳〜就学前

施設の種類　認定こども園

運営　合同会社 WIP

WEB　https://matsumoto.isnedu.org/

プレスクール南松本キャンパス　（松本エリア）

2012年開園。床暖房が完備されているので、冬でも暖かく過ごせる。園庭には「プレイキャッスル」と呼ばれるお城のようなタワーの遊具や、スクールの畑がある。夏期には大きなスイミングプールが用意され、冬期は雪遊びを楽しんでいる。

住所　〒390-0832　長野県松本市南松本1-2-2

電話番号　0263-87-5971

対象　満2歳〜就学前

施設の種類　認定こども園

運営　合同会社 WIP

WEB　https://matsumoto.isnedu.org/

南松本キャンパス

長野キャンパス　（長野エリア）

2019年開園。落ち着いた住宅街のなか、いくつもの公園に恵まれており、通園にも野外遊びにも理想的な立地となっている。2022年度に小学部の活動が加わり、長野市とその周辺地域に、さらなる学びの選択肢と国際教育を提供している。

住所　〒381-0033　長野県長野市南高田2-5-6

電話番号　026-217-7166

対象　満2歳〜小学生

施設の種類　認可外保育施設（幼児教育無償化対象施設）＋小学部

運営　合同会社 WIP

WEB　https://nagano.isnedu.org/

中野キャンパス　（中野エリア）

果樹園に囲まれた、広大な敷地に建つ新しいおしゃれな校舎。フィンランドの大学とともに特別プログラムを提供している保育施設。2025年より、小学部を開始予定。

住所　〒383-0061　長野県中野市壁田1572

電話番号　0269-38-1229

対象　2歳児〜年長児

施設の種類　認可外保育施設

運営　合同会社 WIP

WEB　https://nakano.isnedu.org/

中野キャンパス

松本五常キャンパス　（松本エリア）

旧五常小学校にて、四賀地区の豊かな自然など、里山の豊富な地域資源が活用されたプログラムを提供している。地域の協力とともに、小中学生の体力を高める身体づくりや、個性が最大限に尊重される評価のあり方の研究が行われている。

住所　〒399-7401　長野県松本市五常6387-1

電話番号　0263-87-8418

対象　小学生、中学生

学校種　小学校

運営　学校法人インターナ
　　　ショナルスクールオ
　　　ブ長野　小学部・中
　　　学部

松本五常キャンパス

WEB　https://isn.ac.jp/

　県民数が約200万人（2023年9月現在）の長野県は、47都道府県中第4位の広さがあり、八つの県と隣り合っている。北陸新幹線が開通したことや、外国人を含む関東圏に住む人たちの別荘があること、「白馬」をはじめとしたスキー場など、新しい「もの・こと・人」を取り入れるだけの土壌（度量？）があるのかもしれない。

　一般的な廃校利用の場合、一校を対象として活用されるものだが、ISN では、五つの施設のうち二つは、廃校（廃施設）を複合的に活用するといった大胆な方法を実現している。

　校舎などは自分たちで建てたものもあるが、地元に協力者が増えたことで、廃校利用をはじめとした地域の資源を利用しながら成長を遂げてきた。要するに、廃校となった小学校などをキャンパスとして利用しているわけだが、校内に入ってみると、外国の雰囲気が十分に醸しだされていた。廃校もインターナショナルスクールとして使えるんだ、と分かった瞬間である。

　特別な手間をかけるわけではない。それでも、インターナショナルな雰囲気はつくれるのだ。インターナショナルスクールの多くは、学校設立にあたって校舎を建設するというケースが多かった。そのため、世界的なインターナショナルスクールと同じような造り、たとえば高い天井、観葉植物、壁や廊下の色を統一、さらに開放的な雰囲気づくりなど、多額の費用をかけている場合が多い。逆に言えば、これらが理由で、インターナショナルスクールの学費は高くなっている。

　しかし、ISN は、リノベーションを最低限にとどめ、手づくり感を中心にしてグローバルなイメージを醸しだしている。そ

こにひと役買っているのが「信州の大自然」であるのは言うまでもないだろう。圧倒的な大自然を背景として、整った設備を必要としない雄大さが「世界のなか、大自然のなかに自分たちがいる」という情景を演出している。

パーマカルチャーのスクールガーデン

　ISN を見学したときのことだが、インターナショナルスクールを運営するために必要なのは設備ばかりではない、ということも学んでいる。英語で書かれた掲示物がたくさんある、日本ではあまり見られない色彩や大きさの本がある、日本の学校とはちょっと違った生徒の作品が展示されている、一般的ではない机の並べ方で行われている授業、これらすべてにおいて、インターナショナルスクールの世界を広げていた。そう、地方でもお金をかけずにインターナショナルスクールは十分につくれるということである。

松本島内キャンパスの裏山から望む北アルプス

　このような空間のもと、2歳児から中学生までの子どもたち
が英語で話す様子を見て、本当に衝撃を受けた。日本人の生徒
でも、教え方と学び方のメソッドさえ確立していれば、これほ
どまで英語力が上達するのかと思ってしまった。

　ISN 代表である栗林梨恵氏へのインタビューで理解できたこ
とは、ISN に通う子どもたちを通して保護者もどんどん変わっ
ていき、学校を支えているということである。親や地域の人た
ちの意識が変化することで子どもたちの選択肢が増えていく、
という仕組みになっている。

　一般的な日本の学校であれば、授業で学んだことが試験によ
って評価されるわけだが、ISN の学びは、家族との日常におい
てその効果が見られるようになっている。たとえば、自立・自
律が望まれている日本の家庭でよく言われているのは、「子ど
もがゲームばかりしていて、親が言わないと宿題もしない」な
どといった親の嘆きである。もっとも、日本にかぎらず、世界
中、どこの子どもも似たような状態ではあるが……。

　ISN の子どもたちは、英語と日本語の読書、そして家族で取
り組む探究活動を除くとほとんど宿題がないこともあって、家

パフォーマンスデイ

スポーツ・フェスティバル

に帰ってからの時間は、「自分の時間」と「家族との時間」に
分けて過ごしているようだ。家族と一緒に家事をする、家族団
欒で夜の時間を過ごすなど、「集団としての家族の時間」を大
切にしている子どもが多いという。

　さまざまな人と協調しながら日々を送るという学校生活から
生まれたよい習慣が家庭にも伝播し、家族との幸せな時間がつ
くられているように思える。

　ISN における学びのゴールは「ウェルビーイング」で、それ
を実践するためのツールとして IB（40ページ参照）を取り入
れている。ウエルビーイングを家族・学校・コミュニティーで
達成していくために、いや、かかわる人たち全員が「win win」
となるために、自分に何ができるのかと向き合い、周りの人た
ちとともに考えるという作業が ISN ではできるようになって
いる。

「プレスクール南松本キャンパス」（64ページ参照）が開校し
たのは2012年である。ISN は、認可保育園、小・中学校と学童
保育において、子どもたちと保護者をフルサポートしている。
つまり、子どもたちの成長過程全体にわたってサポートできる
学校となっているのだ。

　日本では、保育園は厚生労働省、幼稚園は文部科学省と管轄
が分かれており、保育園から小学校に進む子どもたちへの教育
サポートが課題となっている。欧米では、幼稚園の最終年度を
「0年生」として「学校扱い」している国が多いわけだが、日
本は中途半端な状況のままとなっている。「両省の担当者は、

何の疑問ももたないのか！」と言いたくなる。さらに、「こども家庭庁」といった行政機関まで創設されている。いったい、誰のためにつくられた行政機関なのだろうか。

ISN では、前述したように、認可保育園から小学校、中学校、そして放課後に参加できる学童保育までが準備されているため、保護者は安心して子どもたちを学校に託すことができる。言葉を換えれば、幼稚園から中学までの一貫校となる。

前述したように、現在、日本のすべての都道府県に英語で生活する保育園や幼稚園があるわけだが、小学校からは地元の公立学校に行く場合が多く、幼児期に慣れ親しんだ英語をすっかり忘れてしまうといった課題がある。そして、英語は「学ぶもの」となり、嫌いになってしまう。

幼児期は、覚えるのも早いが、忘れるのも早いのだ。都会であれば、インターナショナルスクールがあるほか英会話塾もあるので、幼児期に得られた英語のスキルを継続して伸ばすこともできるが、地方ではなかなかそうもいかない。

しかし、ISN に通っている家庭の子どもたちは、地方にいるにもかかわらず、英語とグローバルな環境に継続して身を置くことができるのだ。栗林氏自身の子育て期間と ISN の経営時期が重なっていることも、長野県人にとっては「幸運であった」と言える。

実は、2024年、新たなキャンパスが完成する。ほぼ毎年新しい事業がはじまるというのも ISN の特徴である。ものすごい勢いで長野県中信地区（松本市を中心とした、中央部から西部にかけての地域）の支持を得ているのは、地域の人々や行政が

信頼している証である。そして、栗林氏自身の子ども2人が
ISNで学んでいるという事実も、周りの人々にとっては心強い
かぎりである。

▶ 英語には、得意・不得意という概念はない
──コミュニケーションツールなのだ

　私が参観した授業では、小学3年生の男子がタブレットを使
って、サクサクとプレゼン資料を準備していた。プレスクール
からここで学んでいるという男子に、「どんなプレゼンをする
の？」と英語で尋ねたところ、
研究内容を簡単に、そして丁寧
に英語で説明してくれた。

　プレスクールから英語で生活
をしていたという生徒には、英
語に対する得意・不得意という
概念がなく、単なるコミュニケ
ーションツールとして英語を使
いこなしているように感じられた。

小学生のタブレット。アルファ
ベットでタイピング（五常キャ
ンパス）

　小学部の8割がプレスクールから進学というISNの仕組み
について少し触れてみよう。

　松本市の幼稚園は無償となっているが、ISNに通う子どもに
は、英語で教える追加料金として月額45,000円の負担が必要と
なる。小学部は月額10万円ほどで、兄弟姉妹割引や片親・外国
人割引があるという。

　プレスクールと小学部に一人ずつ通う場合は、保護者はどちらか１か所に迎えに行くだけでよい。つまり、スクールバスでプレスクールに通っている妹がいる場合、事前に妹が兄のいる小学部に移動するため、保護者はそこに迎えに行けばよいという仕組みである。

　要するに、仕事を終えた父親か母親が、小学生のいる学童保育に迎えに行き、そのあと保育園に迎えに行くという光景がここでは不要となる。保護者にとって、これほどありがたいことはない。１日のうちで一番忙しいとされる夕方に「ゆとり」が生まれることになる。

　余談だが、中信地区以外の長野県内から、遠くは新潟県から新幹線や特急列車を利用して通学する家庭もあると聞き、関東圏よりもすごいと思ってしまった。

　夏休みにも特徴がある。日本の学校のように、期間中すべてが休みになるわけではなく、お盆を除く時期に「サマープログラム」が毎日行われている。2024年に開催されるサマープログラムを紹介すると、小学５年以上は１週間単位となっているキャンプに３週間まで参加でき、プレスクールと小学部（４年生以下）のサマーキャンプは１日単位となっており、３〜10日と、参加日数が選べるようになっている。

　在籍生徒であれば無料で参加できるが、これまでの小学生向けのサマープログラムには、都内や海外からも、毎年定員いっぱいの子どもたちが有料で参加しているという。ほかの地域にある公立小学校に通っている小学生がサマープログラムとサマ

学び方は個人の学びやすい姿勢で

ーキャンプに参加し、英語での生活に興味をもつことになる。
どうやら、ほかの地域のグローバル化にも貢献しているようだ。
「どうしても成し遂げたいことは他人に伝わる」と話す栗林氏。
多くの人にとって有益なことを言葉にし、深く人と話すように
なって、この信念が広がりはじめたようである。栗林氏の信念
が確実に周りの人たちに伝播し、320名を超える生徒が集まる
学校となった。保護者はもちろんのこと、地域の人や行政の支
持を得て学校はどんどん大きくなっている。地方にある私立学
校だとは思えないほどの広がりとスピード感である。

　首都圏でできないことがISNではできていた。地方の人々
が抱く「子どもたちの未来への思い」は、地域の教育をものす
ごいスピードで変えている。「ゆくゆくは外国人が『通いたい』
という学校にしたい」と話す栗林氏の構想はきっと実現するだ
ろう。そして、多くの地方行政がISNに学び、各地域におい
て公立のインターナショナルスクールができていくのではない
だろうか——そんな気がしてならない。

探索の山、小川、田畑に囲まれ、動物の足跡も見られる校庭

　簡単にISNの様子を紹介してきたが、実はこの日、朝は島内キャンパスのプレスクールでの「朝の時間」を視察し、ルーティーンとなっている「毎日の活動」を見せていただいた。教師に合わせて、日本人の子どもたちが英語で挨拶をしたり、歌ったり、踊ったりしている様子を見て、一瞬、外国にいるのか、と思ったほどである。

　その後、25分ほど車で移動して五常キャンパスに行っている。ここでは、小学生と中学生の探究授業を見学している。

　先にも述べたように、小学生はタブレットを使って英語のプレゼン資料をつくっていたが、中学生はパーマカルチャー（永続可能な農業を軸とした暮らし方や考え方。67ページの写真参照）の小屋やコンポストをつくるために、大きな声を掛け合いながらメジャーで寸法を測っていた。次回の訪問時には、無農薬の野菜畑が見られることだろう。

第 5 章

石川県「私立国際高等専門学校 (ICT)」

―――高専で初！　授業の9割は英語、日本の高専を変える

円形の校舎と中庭でつくられる空間は、高校生が考える
場となっている

基本情報　白山麓キャンパス（2018年4月開校）
　　　　　〒920-2331　石川県白山市瀬戸辰3-1
　　　　　TEL：076-256-7123

　　　　　金沢キャンパス
　　　　　〒921-8601　石川県金沢市久安2-270
　　　　　TEL：076-248-1080
　　　　　https://www.ict-kanazawa.ac.jp/

▶ 高専は国立だけではない──特色のある私立高専

石川県と岐阜県を結ぶ「白山白川郷ホワイトロード」の先に「国際高専」の白山麓キャンパスがある。私は、自家用車を運転して国際高専に行った。2022年10月11日のことである。

前日、富山にある実家に少しだけ寄った。両親がすでにいない実家は、どこにでもある空き家と同じく、人気(ひとけ)のなさで寒々としていた。もちろん、宿泊することはできないので、実家の近くにある「旅館松原屋」[1]を予約した。

子どものころは大人たちが会合する料理旅館で、かつては憧れたところだが、真横にあるビジネスホテルの影響か、宿泊客は私たち親子だけであった。そのため、「夕食は出せない」と事前に言われ、近くのコンビニでお弁当とビールを買い、国際高専までの道をパソコンで調べながらの夕食となった。

白山白川郷ホワイトロードは、父と一度だけドライブしたことがある。もちろん、そのころには、英語で学ぶ高専はなかった。仕事でそこに向かうことになろうとは……。昔のことを思い出しながら早めに就寝した。

「高等専門学校(高専)」と聞くと、国立高専をイメージする人が多いのではないだろうか。実は、私立の高専があることを私は知らなかった。国際高専のほかにも、「神山まるごと高専」(徳島県名西郡神山町)、「サレジオ高専」(東京都町田市)、「近大高専」(三重県名張市)の3校がある。

　高専は工業高校とは違うし、大学とも異なる５年制の高等専門学校である。私の故郷である富山には「国立富山高専」があり、そこには現在、文系の「国際ビジネス学科」もできている。

　日本の高専は、国立51校、公立が３校、私立が先ほど紹介した４校であり、現在、約６万人の学生が学んでいる。５年制のため大学の３年次に編入する学生も多いようだが、先日話を聞いた高専の卒業生は、「アメリカの大学の４年次に編入した」と言っていた。編入に基づく評価のされ方は、受け入れ国によって異なるようだ。

　さて、今回紹介する「国際高専」の旧名称は「金沢高専」で、高専生に、世界で活躍する武器をもたせるためにはじめたのが「英語イマージョン」（21ページ参照）の教育である。

　現在の学校名となったのは2018年で、「白山麓キャンパス」と「金沢キャンパス」がある。全寮制の白山麓キャンパスは、

白山麓キャンパス

欧米型のボーディングスクール形式となっており、学生・教師・スタッフが生活をともにしながら、学習や課外活動に取り組んでいる。このキャンパスを歩いていると、外国人教師に会うことが多く、周りが自然に覆われていることもあって、それこそ外国に来たような気分になる。

　ばったり出会うのは外国人だけではない。カモシカ、キツネ、タヌキ、モグラ、リス、サルといった動物にも遭遇する。時には害獣ともなるこれらの動物は恰好の地域課題となり、学生の学びの対象となってしまう（動物からすれば迷惑このうえないが）。

　入学すると、授業は英語で行われ、地域連携として課題解決にも参画できる。一般的なインターナショナルスクールは英語で授業を行うだけだが、国際高専の場合は、そこに技術習得が加わる。つまり、腕（技術力）に覚えのある高専生が世界を目指す学校である。

　技術者になる若者が英語を習得するメリットは、「英語を話す」、「英語で討論する」、「英語でプレゼンする」といったことだけではない。技術者になりたいという時点で、英語力が人生を左右することになる。

　つまり、「英語でインター

キャンパスにサルがいつも入ってくる

ネット検索をする」、「世界中の技術者から情報収集ができる」、
「世界中の人に相談ができる、回答ができる、意見が言える、
情報交換ができる」といったことが「15歳からできる」という
のがこの学校の特徴となっている。

　地域連携について述べておこう。
「課題の宝庫」とも言える大自然のなかに学校がある。国際高
専のある白山麓キャンパスは、北陸新幹線の金沢駅から車で1
時間という山のなか、そのさらに森のなかにある。もちろん、
徒歩で行ける距離にコンビニはない。私が学校訪問したときに
は、高専生が「道の駅」（学校から徒歩で1分）で買い物をし
たようで、大きな袋を持って学校に戻ってくるところであった。
　先にも述べたように、私自身が地方出身者であり、実家が隣
の富山県にあるわけだが、ここまで大自然のなかにある学校や

白山麓キャンパスの近くを流れる川

寮を見たことがない。地方出身者も驚くほど、大自然のなかに学校があるのだ。そんなところだから、さまざまな地域課題がある。その一例となるのが、林業、農業、獣害、少子化・過疎といったものである。

▶地域課題を技術で解決——英語×IT が地方を活性化する

　国際高専では、地域住民とともに課題解決に取り組んでいる。たとえば、休耕田を利用した農作物の栽培である。一般的な学校のプロジェクトの場合、「休耕田で農作物をつくり、加工品をつくって販売する。それを毎年行えば、再生される休耕田が増えて街が活性化する」という流れになるだろうが、国際高専の場合は、そこに技術力と英語力が追加されるため、問題解決スピードが早くなり、解決策も数段増えることになる。

　日本国内にいると、獣害といえばシカ・イノシシ・クマが筆頭候補となるが、獣害問題は世界中で起こっている。ホッキョクグマ、ゾウ、ワニ、トラ……いろいろある。ちなみに、サツマイモの栽培に直接かかわる獣害を日本語で調べると、サル・イノシシ・タヌキなどが出てくるが、「Sweet potatoes（サツマイモ）、Animal damage（獣害）」とインターネット検索すると、「deer（シカ）」や「common raccoon（アライグマ）」などが出てきて、新たな獣害を予期することにもなる。詳しく英語で調べれば、日本ではまだ行われていない対策法が出てくるかもしれない。

　今回、私が見たサルに対するプロジェクトでは、従来通りの、

獣害対策としてつくった柵

獣害対策システムの組み立て

イノシシなどから農作物を守るための電気柵を利用しつつも、国際高専生らしい工夫を凝らしていた。

　実際、白山麓ではサルによる農作物への被害が年々深刻化しているし、地域の方々の悩みはかなり大きいものとなっている。2020（令和2）年には、この地域で約400万円にも上る被害となっていた。野生のサルにすべて食い荒らされて、出荷できなかったのだ。このような地域における「希望の星」が、国際高専生たちである。

　獣害対策班はAIとIoT（Internet of Things）を使って、自然のなかでサルが認識できるというシステムの開発を進めている。これまでに、数千枚に上るサルの写真をAIに学習させたことで、認識信頼度を90パーセント以上まで向上させることに成功している。

　また、音と光による威嚇機能や、AIがサルを認識した際、生産者が所有しているスマホのLINEアプリに通知を送るとい

ドローンとキャンパスの全景

う機能の開発や検証を行っているほか、2023年にはドローンによる威嚇効果も検証している。さらに、とくに効果があったドローンによる威嚇システムについて、プロジェクトを展開していく予定となっている。

　そして、被害から想像される仮説については、日本の文献やwebデータだけではなく、英語で書かれた研究論文をもとに実装を検討したり、海外の研究者らにも相談するなど、国際高専生らしい解決策を模索している。

　国際高専生は白山麓キャンパスには2年しか在籍できないため、白山麓の地域課題は後輩に引き継がれて、年々磨かれていくことになる。2020年度の学生が「獣害対策のためのAIを用いたサル認識システムの開発」を行い、前述したように、数千枚にも上るサルの写真をAIに学習させて90パーセントの精度に高めた（電気学会［U21］で最優秀賞受賞）。

　翌年、2021年度の学生は、音と光による威嚇機能や、生産者が所有するスマホのLINEアプリに向けたアラーム通知機能の開発や検証をシステム化している。

　そして、2022年度の学生は、スマホの LINE アプリの通知機能で画像まで送れるように強化したほか、畑に遠隔で映像が確認できる IP カメラを複数台設置し、学内にはデータ処理用のパソコンを設置した。これによって、サルの映像が遠隔で処理できるようになっている。

　音による威嚇については、開発中のシステムだけでなく、スピーカーを搭載したドローンを併用する威嚇効果についてもさらなる検証が行われているという。

　そして、2023年度の学生は、先輩から引き継いだ畑にドローンステーションを設置することを見据えて、ドローンが自動的に収納されるシステムを開発中である。

　教科横断型の学習となるうえに、次の学年に引き継いで仕組みを拡張していくというスタイルはなかなかできることではない。地域密着型であると同時に、先輩が後輩に、人脈とととともに学んだことを確実に引き継ぐからこそ成立する仕組みである。

　ちなみに、サツマイモの味をよくするというプロジェクトも並行して行われている。従来よりも「甘くて、ねっとりした芋」の栽培を目標にしており、技術をもつ高専生と農家によるコラボレーションである。

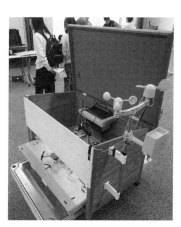

ドローンステーション

　いくつかの種類のサツマイモの「甘さ」を測定し、それらが
さらに甘くなる工夫に必要な作業を、国内外の文献や動画など
で探し出し、実験しながら農作物を育成するというものだが、
同じ年に何度もできるわけではないので、実験結果から出てき
た仮説は、翌年、1学年下の学生たちが引き継ぐことになって
いる。糖度を高める栽培、消費者からしても大変うれしいこと
である。

　技術力があり、英語力がある国際高専生と地域にいる農業従
事者のコラボによって「より甘い」サツマイモが大量に収穫で
き、日本のサツマイモが世界の食糧問題を牽引するといった情
景を夢見てしまう。

▶ グローバルな地域課題
——世界初の超小型衛星の設計開発や新感覚の観光体験

　地域課題というと、海のゴミや山での獣害を連想してしまう
というのは私だけではな
いだろう。「宇宙のなか
の地球」ということに着
目している国際高専生も
いる。また、「JAXA（宇
宙航空研究開発機構）」
と「e-kagaku」との共同
研究プロジェクトにおい
て、中高生主体で「宇宙
ゴミ」の軌道を精密に測

「e-kagaku Satellite Project　設計開発メ
ンバー選出証」授与の様子。鹿田正昭校
長（左）　山本叶夢さん（右）

定するという、世界初の超小型衛星を設計・制作しているという強者もいる。

　2023年現在、国際高専の2年生である山本叶夢さんは、中学時代から「一般社団法人 e-kagaku 国際科学教育協会」の「e-kagaku Satellite Project」に参画しており、超小型衛星に世界で初めてレーザー反射装置を搭載し、宇宙ゴミ（スペースデブリ）を低軌道で精密測定するという「e-kagaku ジュニア衛星」の設計・制作に取り組んでいる。これからもますます増える宇宙ビジネスにおいて、国際高専生が活躍していくことだろう。

e-kagaku Satellite Project について（国際高専プレスリリースより）

　e-kagaku Satellite Project は、JAXA と e-kagaku が共同研究として進める「超小型衛星に世界で初めてレーザー反射装置を搭載し、世界のレーザーサイトと協力して正確な軌道を求める」中高生主体のクラブ活動です。活動は2020年4月から始まり、設計・回路、プログラムなども自分たちで作り上げました。

　本番機は2023年7月に完成予定で、安全審査を経て、9月に JAXA に引き渡しされます。打ち上げは2024年6月に予定され、国際宇宙ステーション日本実験棟「きぼう」から放出されます。

　設計開発メンバーは、年齢ではなく、「Space Robot Contest」（文部科学省・経済産業省・総務省後援）の結果や、

自動などの AI・データサイエンス企業の約7割が使用する MATLAB のシンポジウムで賞を獲得することで、論理的思考力やプレゼンテーション力、チームワークに必要なコミュニケーション力、リーダーシップなどの能力を証明したメンバーを全国から選出。現在6名の大学生と36名の中・高校生が取り組んでいます。

　宇宙産業は数百億ドルから数兆ドルの市場に成長すると言われています。メンバーはハードだけでなく、データサイエンティストや宇宙保険などのソフトの担い手としての活躍も期待されています。

e-kagaku ジュニア衛星の社会的意義（国際高専プレスリリースより）

　現在、地球表面から2,000km 以内の地球低軌道には約7,500機もの人工衛星が周回していると言われます。インターネットに代表される通信環境高構築や天体観測に重要な役割を果たす一方で、喫緊の問題になっているのが人工衛星やロケットの残骸である「スペースデブリ」（宇宙ゴミ）です。年々増加の一途をたどっており、将来的には人類の宇宙活動の妨げになると予想されています。

　e-kagaku ジュニア衛星は小型人工衛星 CubeSat（キューブサット、$10 \times 10 \times 10cm$ サイズ、重量1kg）サイズのもので、JAXA が開発した衛星レーザー測距用の超小型反射器「mini-Mt. FUJI」を搭載しています。e-kagaku ジュニア衛星に取り付けられた反射器に向けて地上の SLR 局（衛星レー

ザー測距　Satellite Laser Ranging）からレーザーを照射し、反射して返ってきた光を再び検知するまでの往復時間を計測することで、SLR局と人工衛星との距離をmmオーダの高精度で測定できます。

　このたびのe-kagakuジュニア衛星は超小型衛星にレーザー反射装置を搭載し、その軌道をSLRの技術により高精度に把握する世界初の試みとなります。

　得られたデータはスペースデブリの軌道シミュレーションや民間人の宇宙旅行に必須な宇宙保険の料率など、急成長する宇宙ビジネスに大きく寄与するものと考えられています。

　日本全国、今や観光産業を抜きにして語ることができない。神社仏閣も重要であるが、何といっても自然環境の活用を欠かすことができない。自然環境となると、全国各地にある桜の名所が一番に思い浮かぶわけだが、少し技術を加えた、新たな観光資源を国際高専生は模索している。
「能登の自然に最新の技術を加えることで新感覚な観光体験」は、近年注目を集めているメタバース（コンピュータ上につくられた3次元空間）を能登で展開するというものだ。また、能登地方におけるローカル線の無人駅対策として、駅長ロボットの成果を、シドニーで行われた「ICST15（15th International Conference on SENSING TECHNOLOGY：世界的なセンサーを使った技術の発表・表彰のカンファレンス）」に英語で投稿したところ、日本が直面している問題に正面から検討していることが評価され、査読の結果、採択されたという事実もある。

全寮制だからできること――「見える未来」が変わる環境

「全寮制」という言葉を聞いて、どのようなイメージを浮かべるだろうか? イギリスやスイスにあるボーディングスクール形式（15ページの注参照）に馴染みが薄い日本人の場合、「大人が管理する寮生活のルールに学生が従い、規律正しい生活をするところ」とイメージする人が多いのではないだろうか。私自身がデンマークのフォルケホイスコーレで半年間学生として寮生活を行ったほか、息子もイギリスや軽井沢にある全寮制の学校で寮生活を経験したことで、インターナショナルスクールにおける学生寮の実際を知ることになった。

　インターナショナルスクールの寮では、学生と教員が一緒に

学生たちが自由に使えるフリースペース。教室や寮以外にも思考を深める場所が施設内にたくさんある

生活していることが多い。学生が教員に相談するのは、授業の内容だけではなく、人生についても「相談してしまう」という距離感となっている。もちろん、国際高専の学生寮もそのようになっている。

　確かに、教師が同じ建物にいるという状態は、ちょっとしたタイミングで学業やプライベートの相談もできるし、討論をしたり、一緒に実験をしたりと、ほかの学校ではなかなかできないといった特徴がたくさんある。また、そこに外国人教師が多いとなると、国際高専生の人生においてさまざまなメリットをもたらすことになる。

　一般的な子どもは、家庭と学校を往復するといったことがほとんどで、身近な大人といえば、その範囲にいる人にかぎられている。多感な高校生の時期に、世界を転々としてきた外国人や日本人の教師・スタッフと同じ時間を過ごせるという環境は、まちがいなく多くの選択肢を発見するチャンスとなる。

素晴らしい自然環境と北欧を思わせる国際高専の学舎

　さらに、大自然のなかに広がるキャンパスにいるからだろう。
「自分も、何かでっかいことをやってやるぞー」と思えるよう
な気持ちにもなってくるようだ。リラックスしながらじっくり
と考えたり、ボーッとする時間があることで、自らの未来につ
いて考えを深められるようだ。

　大自然のなかで、中学生までには出会えなかった大人や同級
生と未来を考えることになる。確実に、「見える未来」が変わ
っていくことだろう。

　このような記述に対して、「なるほどな〜」と、納得された
読者も大勢いらっしゃることだろう。どのような場所で生活す
るのか、どのような人と話をするのかといった生活環境が、ま
ちがいなく若者のイマジネーションを大きく膨らますことにな
る。

　さて、国際高専生はというと、入学後の１〜２年生は「白山
麓キャンパス」で生活をし、３年生になると１年間のニュージ
ーランド留学となる。そして、４年生から５年生は、「金沢キ
ャンパス」において、金沢工業大学の学生と一緒に学ぶことに
なっている。

　３年生を終了すれば（大学への受験資格あり）、国内外の大
学への入学も可能だし、５年生の終了後、つまり卒業のタイミ
ングで国内外の大学３年次に編入することも可能である。ちな
みに、金沢工業大学への３年次編入は確約されているので、や
りたいことがすでに見つかっている場合は、５年間どっぷりと
「自分のやりたいこと」に没頭することができる。

▶ 白山麓キャンパスには温泉施設が！

　何と、白山麓キャンパスには温泉施設が併設されていた。つまり、国際高専生は温泉三昧なのだ。そして、授業の合間に温泉に行くことも可能となっている。「旧かんぽの郷」をキャンパスとして再生しているため、地域住民にも開放されている。

　温泉のある学び舎といえば、大分県由布院にある「立命館アジア太平洋大学（APU）」を思い浮かべるが、キャンパスに源泉があるという学校は国際高専だけだろう。もちろん、私もしっかり入浴し、学びにおける温泉の効果を実験してみた。

　この日は、私をはじめとして複数の教育事業者が集まっていた。入浴後に夕食をいただき、就寝前には、「日本の学校が英語で授業をするとどうなるのか？」というテーマでディスカッションの場が設けられていた。

　通常は、温泉旅館に宿泊し、風呂上りのビールを飲みながら郷土料理に舌鼓を打つとなるわけだが、この日は仕事である。日本の学校の未来についてみんなで話し合うことになった。

キャンパスにある温泉

栄養バランスもバッチリのカフェテリアの夕食

プレゼンテーションを聴講するときの大階段。窓の外に広がる大自然が脳を
リラックスさせる

　不思議なことに、仕事で温泉に入る（？）と目が冴えてしまって、深夜まで、「英語ができない若者を大量育成する日本の教育をどうすべきか」という議論が尽きなかった。国際高専ならではの、「毎日温泉に浸かって、肌・体・頭脳がどのように活発化するのか」についての、データ分析および証明を楽しみにしている。

　もっとも、議論が活性したのは、温泉効果とは関係なく、参加者全員が抱いている危機感のためであったかもしれない。

　大自然や温泉設備だけが特徴ではない。高専らしく、モノづくりやICTの設備が非常に充実している。全寮制のため、自分の好きな時間に好きなものをつくったり、実験できるという環境は、「ギーク（オタク）」とも言える学生たちにとっては極め付きとなる。さらに、世界により近い高専であると、学生たちの話から感じとることもできた。

冬は雪の多い地方のため、校舎内にはジムもある

　というのも、インターナショナルスクールの出身者や公立・私立の中学校を卒業した学生が日本全国から集まり、世界に巣立っていくからだ。2022年からは１年生から５年生までの全学年がそろっているので、みんなでどのような世界をつくっていくのか、今から楽しみである。

　白山麓キャンパスは、金沢工業大学の先端技術研究の場としても利用されている。前述したように、近隣農地の獣害を AI やドローンで解決したり、休耕田を活用したビジネスを地域農業従事者と検討したりと、産学一体となって取り組んでいる。課題解決や地域振興を入学時からはじめられるという環境、「技術者脳」がフルに活性するにちがいない。

「モノづくりや IT が好きでこの学校に来た」という学生もおれば、「英語で学べる高校」、「１年間留学できる学校を探してきた」と言う学生もおり、この学校を選んだ理由がさまざまであったことも興味深かった。

工作などの作業ができる場所もたくさんある。
3Dプリンターや様々な工作機械も、自由に利
用が可能

　英語・IT・モノづくりは、確実に日本の若者の未来を広げ
ることになる。言うまでもなく、たくさんの中学生にこの学校
のことを知ってほしいと思っている。
　国際高専が、モノづくり、IT に長けた、英語力の高い若者
を続々と輩出し、一般的な大学卒業者を超えるような活躍をす
る——そんな日が、すぐそこまで来ているように思える。

第6章

「横須賀バイリンガルスクール」
(保育園から小学校)

——日本一の施設サスティナビリティで地域の外国人も大切に

猿島から見る米軍横須賀基地

基本情報 横須賀バイリンガルスクール
(2013年11月開校)
(YBS：Yokosuka Bilingual school)
〒238-8580　神奈川県横須賀市稲岡町82番地
(神奈川歯科大学内)
TEL：046-884-9367
https://ybschool.jp/

▶隣は米軍基地
——異国と日本が入り交じる街にある「イマドキ」の学校

　京浜急行鉄道、略して「京急」と関東では呼ばれているが、その「横須賀中央駅」から徒歩15分ほどのところに横須賀バイリンガルスクール（YBS）はある。

　戦艦「三笠」をご存じだろうか。1902（明治35）年３月に竣工し、1905年、日露戦争における日本海大海戦で大勝利を果たした戦艦（艦長は東郷平八郎）である。その戦艦が、現在、横須賀市の三笠公園で展示保管されている。横須賀中央駅からこの三笠公園に向かう中間地点にYBSはある。そして、その左側には米軍横須賀基地がある。ひょっとすると、米軍基地の横にYBSがあるのは必然かもしれない。

　横須賀というだけで異国情緒を想像する人は多いだろう。50代以上の人なら『港のヨーコ・ヨコハマ・ヨコスカ』（ダウン・タウン・ブギウギ・バンド）や『横須賀ストーリー』（山口百恵）を思い浮かべる人がいるかもしれない。

戦艦「三笠」と東郷平八郎像（中央）

そういえば、最近は横須賀が舞台となっている歌やドラマがあまりない。それも、仕方がないだろう。数十年前なら、「身近な外国」に触れたいときに行く場所といえば横須賀だったが、今となっては、六本木には外国人ビジネスマン、浅草にはインバウンド観光客、そして二子玉川に行けばインド人のエンジニアにいくらでも会うことができる。

さらに、日本国内のインターナショナルスクールが高額だからという理由で、マレーシアやフィリピン、カンボジア、ベトナムに親子留学するという家族も多いと聞くから、時代は大きく変わっている。

このような時代でも、京急電鉄の横須賀中央駅を降りると、米軍基地に勤める軍人と昔ながらの街が入り交じるという不思議な空気が流れてくる。長く続く商店街は、地方にあるそれと同じく、所々シャッターが閉まったままとなっているが、昔からこの街に住むお年寄りや、通学途中の子どもたちとすれ違いながら海に向かって歩くと、突然視界が開けてくる。それが、横須賀という街である。

さて、横須賀バイリンガルスクール(YBS)だが、初めて訪れるときには少しの注意が必要となる。なぜなら、神奈川歯科大学のキャンパス内に立地しているからだ。神奈川歯科大学の附属インターナショナルスクールではないのだが、そのように見えてしまうのだ。実はとても重要なことで、シンガポール並みのサステイナブルな学校運営をしているところが YBS の特徴となっている。

日本のインターナショナルスクールにはいくつかのパターン

神奈川歯科大学の正門

この建物に YBS は入っている

がある。学校法人が経営するもの、株式会社が経営するもの、経営母体が団体でないものもある。日本の公立私立の小中高校は「一条校」と言われるもので、専門学校などは別の許認可が必要になる。そのほか、一切の許認可の及ばない有名インターナショナルスクールもある。さて、YBS だが、「株式会社 LaLaLand Education」が運営する学校組織であって学校法人ではない。

　日本には、YBS のように株式会社が運営するインターナショナルスクールがたくさんある。過去には「インターナショナルスクールを卒業しても、小学校や中学校を卒業したことにならない」と言われたことがあった。現在は、小中学生の場合、自宅近くにある公立の小中学校に在籍したまま、希望するインターナショナルスクールで学ぶというケースが多くなっている。

　学校法人ではない学校を卒業した子どもたちが世界中の高校や大学に進学する。「あれ？」と思う人がいるかもしれない。

ダンスパーティ後の集合写真。2022年はマスク生活であった

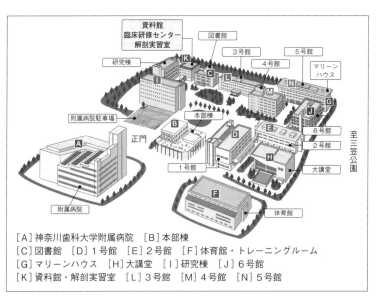

[A]神奈川歯科大学附属病院　[B]本部棟
[C]図書館　[D]1号館　[E]2号館　[F]体育館・トレーニングルーム
[G]マリーンハウス　[H]大講堂　[I]研究棟　[J]6号館
[K]資料館・解剖実習室　[L]3号館　[M]4号館　[N]5号館

神奈川歯科大キャンパスマップ。「資料館・臨床研修センター・解剖実習室」の
建物に YBS は入居している（出典：神奈川歯科大学の案内冊子）

「日本の学校にしか行かない」という前提で考えると、日本の
ルールに従った入学をし、進学し、卒業しないといけなかった。
ところが、新型コロナ禍となって、通信制の高校や中学に進む
ほか、オルタナティブスクールやフリースクール、海外への親
子留学、不登校など、子どもたちと学校の関係が大きく変わっ
てきている。

　そんな状況下における YBS の大きな特徴といえば、米軍基
地に勤めるアメリカ人の子どもたちが7割に上ることと、学校
の施設を自社で保有せず、神奈川歯科大学から賃貸していると
ころである。このような形態で学校経営をしている団体は、日
本では稀である。

　しかし、これが非常に重要となる。なぜなら、学校が施設を
保有しない分、そこに通う子どもたちの学費を低く抑えること
ができるからだ。つまり、YBS は、日本一サステイナブルな
経営を行っている学校の一つと言える。

▶ 新しい「学校経営のサステイナビリティ」を日本に

　2023年5月、シンガポールのインターナショナルスクールに
視察に行った際、一番驚いたのは、さまざまな施設を所有しな
いインターナショナルスクールがたくさんあったことだ。校舎、
体育館、スイミングプール、校庭、スクールバス、これらを所
有するためのコストを学校が負担すれば、すべて学費に跳ね返
ることになる。

　シンガポールで私が見たのは、商業ビルに入っている学校や、

体育館やプールは必要なときに民間施設を借りて授業をし、通学時に必要なスクールバスはその時間帯だけ契約するという学校であった。

「資産をもたない学校経営」では「お手頃な学費」が実現されており、子どもを学ばせたいと願う家庭の裾野が一気に広がることになる。

そういえば、一つの建物に二つのインターナショナルスクールが入っているところもあった。しかし、これはシンガポールにかぎったことではない。デンマークには、一つの建物に４校の高校が同居しているというケースもある。世界は「お手頃価格の学校経営」に向かって動いているようだ。残念なことに、日本ではまだそのようなところはない。それだけに、YBSはサステイナブルな学校経営の先駆者だと言える。

学校法人神奈川歯科大学とYBSの間には資本関係がない。テナント代として支払っている施設使用料は、校舎・体育館・理科教室・駐車場……と、数え上げるとキリがない。カーシェアリングやシェアハウスなど、日本でも徐々に「あるものを共有して無駄をなくす」という考え方が推進されはじめているが、なかなか学校・教育現場にまでは及んでいない。

実は、YBSは施設運営のサステイナビリティを実現するだけではなく、施設の提供者もサポートしている。つまり、神奈川歯科大学のメリットとして、遊休資産がお金を稼ぐだけではなく、大学の敷地内に幼児から教師に至る外国人の流れができ、大学におけるグローバル化が図れているのだ。

そのうえ、神奈川歯科大学の職員にはYBSへの入学優先権

が設けられているため、多くの大学教授や大学職員が、子ども
たちをインターナショナルな環境で学ばせている。一緒に通
学・通園ができるため、子どもとの対話も増えていることだろ
う。両者にとって「いいことずくめ」の仕組みが、ここYBS
にある。

▶ 居住する外国人にもっと日本を好きになってほしいから

　YBSが入居する建物の屋上からは、米軍横須賀基地との境
界が見える。境界の向こう側はアメリカ合衆国。治外法権であ
ることについての説明は必要ないだろう。屋上から見える「向
こう側」の人たちのほとんどがアメリカ人で、日本におけるも
っとも重要な米軍基地とされている。

屋上から見る米軍基地の住居

　ご存じの人も多いと思うが、米軍横須賀基地は日本では最大級の規模となっている。日本全国には、米軍の軍人およびその家族が約10万人住んでいると言われている。一番人数の多い基地は米軍嘉手納空軍基地となるが、横須賀には第7艦隊の司令部があることもあって、約3万人が滞在している。アメリカ本土を除いて、世界で唯一「空母」の母港となる、極東最大の海軍基地でもある。

　家族とともに赴任しているアメリカ軍人も多く、学校、病院、裁判所、レストラン、スーパーマーケット、教会など、横須賀基地はアメリカ合衆国の「縮図」と言っても過言ではない。それゆえ、基地から一歩も出なくても生活ができるようになっている。そんな理由から、帯同家族は、ほとんど日本を体験しないでアメリカに戻っていく場合もある。

　YBS の代表である簑島芙美氏の心を動かしたのが、あるアメリカ軍人の妻が発言した内容であった。
「こんな魚臭い街を早く出て、アメリカに帰りたい」

　この言葉に彼女は、「せっかく滞在する日本を、横須賀を好きになってもらいたい、よい思い出をつくって本国に帰ってもらいたい」という願いのもと、米軍基地の子どもたちを対象としたインターナショナルスクールをつくることにした。

　また、横須賀市には、日本の子どもたちが英語力を高めつつ異文化体験ができるという環境があるにもかかわらず、それを有効に活用できないという課題があった。それを同時に解決するために、YBS では、30パーセントの日本人生徒が学べる仕組みを設けて課題解決を図った。

　蓑島氏の原点は地域の最適化にある。そこにあるものを最大限に活用して、そこにはない、必要なものをつくるという能力である。

　彼女の経営する「株式会社 LaLaLand」には、七か所の認可保育園がある。厚生労働省の指定する範囲内で認可保育園を運営するとなると、「すべて日本語で保育をする」必要があるが、彼女は「これからの日本人には英語が必要で、小さいときのほうが英語力の吸収は早い、保育園時代に英語に触れることは最適」と考えて、認可保育園にとってはギリギリの内容で、英語で生活するカリキュラムをあえて追加している。そのおかげで、年長（5歳児）になった途端に英語を話しはじめる子どもたちがとても多いという。

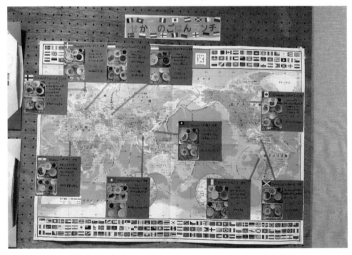

保育園に貼られている「せかいのごはんランチ」

　英語で生活をするという一例を挙げておこう。

　まず、すべてのクラス名称が英語名(「Newton」と「Galileo」
など)となっている。そして、1日に1回、必ず英語イマージ
ョンの時間が設けられている。この時間帯では、すべての活動
が英語で行われている。

　外国人の教師を常駐させているため、活動の時間だけでなく、
昼食や散歩のときにも英語が飛び交っている。子どもたちの様
子を見ていると、教師に合わせるような感じで言語を使い分け
ていた。「子どもって、すごいなー」と思うと同時に、あまり
にも自然な光景に驚いてしまった。

　本題に戻そう。前述したように、YBSの生徒の7割はアメ
リカ人である。現在は小学生が中心の学校だが、2024年の秋か
らは中学・高校への拡大を考えており、アメリカ人以外の外国
人とともに、多くの日本人を受け入れる予定となっている。な
お、2022年11月には「ケンブリッジ インターナショナル(ケ
ンブリッジ 国際)」の資格を取得していることを追記しておき
たい。

　世界の2大国際教育機構として「IB」と「ケンブリッジ国際」
が挙げられる。IBについては第3章で説明しているので、こ
こではケンブリッジ国際について少し解説しておこう。

　ケンブリッジ国際は、世界最大の国際教育カリキュラム・評
価開発機関である「ケンブリッジ大学国際教育機構」が認定し
ているものである。日本では、文部科学省がIBを推進してい
ることもあって、日本では知っている人がとても少ない。しか

しながら、世界的な知名度としてはIBと同等であるうえに、世界における認定校数はIBの2倍となっている。

　また、イギリスのインターナショナルスクールなどには、IBとケンブリッジ国際の両方が準備されており、どちらかを選択するというケースも多くある。ちなみに、IBとケンブリッジ国際では子どもたちの育み方が大きく異なっているので、右ページの**表6－1**を参照していただきたい。

　YBSにはエレメンタリー（幼児）から小学校まであるため、兄弟姉妹で登校する子どもたちが多い。簑島氏自身も3児の母であり、5歳、2歳、0歳の子どもたちは、母が経営する保育園や小学校で過ごしている。すべての子どもたちにとって最適な学びを適正価格で提供しようという思いで学校経営をしている簑島氏、前述したような方法で「お手頃な」学費設定を実現している。

　日本の学校では、学校運営にかかわるほとんどの施設を自前で準備するというのが一般的であり、その初期コストおよびランニングコストがとても高額となっている。さらに、インターナショナルスクールの場合、人件費が日本人教師の2倍を超える場合も多い。その結果、インターナショナルスクールの学費が高額となり、経済的に余裕のある家庭の子どもしか行けないというのが現状である。

「今ある枠」を取り払い、リアルなグローバル教育をもっと多くの日本人が受けられるようにするために何ができるのだろうか。このような視点で日本の教育界も考える必要があるだろう。

表6−1 IBとケンブリッジ国際のメリット・デメリット比較

国際バカロレア（IB）	ケンブリッジ国際
多くの教科を学べる	興味のある教科にフォーカスできる
世界各国の大学進学に強い	世界各国の大学進学に強い
主体的に学ぶ力・深くものを考える力を養える	ユニークなスキルの養成
授業は英語のスキルが必須	授業はより専門的な英語力が必須
他の統一試験との両立が難しい	国によっては受験できない科目がある。

出典：Nisai British International Online School より。
　　　https://nisai-british-onlineschool.com/blog/baccalaureate/
　　　baccalaureate-cambridge-comparison/

表6−2 国際バカロレア認定校とケンブリッジ国際認定校

	世界	日本
国際バカロレア	5,600校	216校
ケンブリッジ国際	10,000校	20校

出典：ケンブリッジ大学国際教育機構・文部科学省IB教育推進コンソーシアムのホームページを基に東洋経済作成。

・国際バカロレア200校計画達成の一方、日本でケンブリッジ国際認定校が増加中となっている。（2023/12/12）
　https://toyokeizai.net/articles/-/720082

▶ グローバルって何だろう？

文部科学省の web サイトにある「グローバル人材」の説明として以下の記述がある。

> 内向き志向を克服し、国際的な競争力の向上や国と国の絆の強化の基盤としてグローバルな舞台に積極的に挑戦し、活躍する人材の育成。

アメリカ人の生徒が 7 割いる YBS では、国際交流体験を通じて世界の大きさや違いを認めること、多様性を楽しむこと、そして価値観を知り、自分の将来について深く考えるきっかけを提供している。異なる文化と言葉、そのような環境に混ざり合えれば成長するためのきっかけが生まれ、子どもたちが将来活躍する場が広がる。そう、子どもたちが活躍する場所は日本である必要はないのだ。

学校に一歩入れば外国という環境で学べる YBS の日本人生徒が羨ましい。YBS では、英会話スクール、日本の学校との相互学習、イベントの共同開催も行っており、他校や塾で学んでいる日本人のグローバル教育までサポートしているというのだから懐が深い。

先日、東京にある英会話スクールの生徒数人が YBS の一般授業に参加した。日本の祝日、言うまでもなく日本の学校は休みだが、YBS はアメリカのカレンダーに則って学校運営を行

英語で学んでいる子どもたちがつくった日本語の壁新聞

っているため平日となり、日本の学校に通っている子どもたちもインターナショナルスクールでの授業などを体験することができる。

　YBSの子どもたちには日常の授業だが、日本人の子どもたちにとっては初めてのインターナショナルスクールでの体験となるためドキドキである。ましてや、英語塾に通っているという自信もあったのだろう。休憩時間、英語で話をしながらYBSの子どもたちに交わりたいと思っていたようだが、英語での日常会話に入っていくのは難しかったようだ。

　日本人がつくる海外体験の場では、子どもたちに「英語を学ぶきっかけを」と思って企画することが多い。一方、YBSでの企画は「実際を体験する」ことが目的となっているため、日

本の子どもたちには「とっさに話せる英語力」といった課題が突きつけられることになる。

　参加した子どもたちのなかには、英語力が通用しないと分かりながらもアメリカ人たちのグループに飛び込んでいく子どももおれば、途中で諦めて、静かにしている子どもがいた。

　この授業に参加した日本の子どもたちは、どのような感想をもち、その後、どのような行動をとっていくのだろうか。それは、本人と保護者が決めることである。少なくとも、このような経験ができるだけでも有意義である。

　一方、アメリカ人の子どもたちに何かメリットはあったのだろうか、という疑問が残った。学びというものは、一方だけが享受するという形ではもったいない。このようなときに、相手と何かをシェアしたり、印象づけられるという日本の子どもたちが増えることを期待している。

　YBS の運営母体である「株式会社 LaLaLand Education」では、インターナショナルスクール（YBS）・児童発達支援・放課後デイサービスを経営しているほか、「株式会社 LaLaLand」で認可保育園を経営している。横浜・横須賀市を中心に教育活動を提供している会社だが、できることなら、日本全体のグローバル化までサポートしてほしいと思ってしまう。

第 7 章

香川県「さぬきピアラーニングハブ (グローバル人材ハブ)」

—— 国内外の優秀IT 人材をふるさとに集めて
　 生まれ故郷を発展させる

一度視察に来て下さい!

基本情報 さぬきピアラーニングハブ (PLH)
　　　　　 (2023年 5 月開設)
　　　　　 〒769-2323　香川県さぬき市寒川町神前1615
　　　　　 TEL：0879-43-0311
　　　　　 https://peerlearninghub.life

英語でIT人材を育成
——さぬき市の廃校利用の教育施設

「少子化が進む地方都市が世界を変える拠点になる。奇跡を起こしてみませんか？」

webサイトのメッセージを読んで驚いた。2023年1月に「さぬきピアラーニングハブ」のオープニングイベントに参加したのだが、ここの街並みが私の生まれ故郷にそっくりだった。上空は見渡すかぎりの空、高い建物がないからとても清々しい。

しかし、何もない。大自然が近くにあるが、街中となると、ただの田舎町でしかない。でも、さすがに「さぬき」、美味しくて安いうどん屋はたくさんあった。とはいえ、「若者が住みたい街」とは言いづらい雰囲気である。

そんな街に奇跡を起こし、ピアラーニングハブを全国につくって、日本の寂れゆく地方都市を「世界への扉」にしようと画策しているのが「さぬきピアラーニングハブ」である。

「さぬきピアラーニングハブ」の最寄り駅となるJR高徳線の「神前駅」

「ピアラーニングハブ（Peer Learning Hub）」の語源は、ピア（仲間）が仲間同士で学び合う（ピアツーピアラーニング）を促進する場所として名付けられたものである。つまり、学びたい人同士が互いに学び合える場所を意味している。

　これまでの日本の「学校」といえば、教師が生徒に知識を伝える場所であることが多かった。ピアラーニングハブの場合、「学びたい人」は「誰かに教えられる何かをもっている人」から学び、その場にいる人と「一緒に学ぶことができる」という新たな学びの場をつくる空間となっている。

　現在、日本の不登校の小中学生は約30万人と言われている。そして、通信制高校の生徒数は20万人を超えている[1]。「さぬきピアラーニングハブ」の創業者である猪塚武氏は、「こんな時代だからこそ、通信制高校で学ぶ若者が『さぬきピアラーニングハブ』で生活しながら高校を卒業し、外国人との共同生活で英語習得と多様性を経験し、日本でも、世界のどこの国でも生きていける日本人になってほしい」と言っている。もちろん、世界中の大学に行けるだろう。

　話には聞いていたが、私が訪れるのはこのときが初めてである。2023年1月13日の金曜日、午前中に広島叡智学園（第3章参照）を訪問したあと、香川県さぬき市に向かった。天気は曇

---

[1] 「不登校約30万人　過去最多〜誰一人取り残さない支援を」（NHK 2023年11月8日）、「通信制高校、初の20万人超え　小中学生は過去最少に」（日経新聞、2020年8月25日付）参照。

り。この時期に岡山県、広島県、香川県、島根県の学校を回っており、横浜からの往復走行距離は2,300kmを超えていた。6年前までは、子どもの少年野球の送迎をするだけでも運転に不安をもっていた私だが、些細な出来事がきっかけで車の運転ができるようになった。

　ある日、友人と車で旅行に行こうとした朝、いつもは運転を担当している彼女の首が動かなくなった。彼女は、「旅行には行きたい」と言う。仕方なく私が運転をすることになったのだが、どういうわけか、その日から長距離運転ができるようになった。彼女の首に感謝するしかない。

　不思議なもので、一度自信がつくと逆に怖くなくなる。運転ができなかったころは、「女性には車の運転は向いてない」と言われたことを鵜呑みにして諦めていたが、何のことはない。カーナビの指示に従って安全運転に努めれば、目的地に着くのだ。このとき、「これまでの人生を損したなあ」という気もしたが、その後の人生の広がりを感じてしまったら、そんな気持ちは吹き飛んでしまった。

「さぬきピアラーニングハブ」は、旧神前小学校を利用している

旧小学校の体育館が改装されてコワーキングスペースに

そんなわけで、このときも1人で横浜から車を走らせ、西日本の学校をめぐっていた。大崎上島から「さぬきピアラーニングハブ」までは約200km、3時間という距離である。本来なら、「しまなみ海道」を走って香川県に入れていたのだが、カーナビのアップデートをしていなかったため、来た道を戻る羽目になってしまった（Google mapで移動すればよかったと、あとで反省した）。

フェリーで海を渡り、一般道を経由して、再び高速道路を走った。予定どおり、明るいうちに「さぬきピアラーニングハブ」（旧さぬき市立神前小学校）に到着した。そう、ここも廃校となった小学校を利用していた。

▶ オンライン高校の生徒に来てほしい理由
──若者の武器としての英語力と
アントレプレナーシップ（起業家精神）

創業者である猪塚武氏は、香川県さぬき市の出身である。地元の高校を卒業したのち、大学進学のタイミングで東京に出た（卒業高校も、2028年に閉校・統合予定となっている）。大学卒業後、大学院を経て外資系のコンサルタント会社に就職し、政治家を志すも落選。選挙資金を稼ぐためにはじめたIT企業が軌道に乗り、ビッグデータ分析の会社に成長させたのち、NTTグループに売却している。

当時、経営していた会社がwebサイトのアクセス解析で日本一の売上を示していたが、競合となったGoogle Analyticsが驚異的なスピードで機能を実装し、無料サービスとして世界市

116

場を席巻していく様子を見て、「英語が使えるエンジニア」の強さを知ることになった。

　このような背景のもと、日本でどんなに優秀なエンジニアを育成しても「英語ができないと世界では太刀打ちできない」ことを痛感し、「英語が使えるエンジニア」を育成するための大学をカンボジアにつくった。それが「キリロム工科大学」である。

　設立したのは2014年。そこで、英語が第2外国語であるカンボジア人の学生が英語とITスキルでアントレプレナーとして活躍できることを確認したあと、自身の故郷である香川県さぬき市を過疎から救い、「グローバルな田舎」にするための行動に出た。それが「さぬきピアラーニングハブ」の設立である。

　キリロム工科大学（kit.edu.kh）を設立した背景には、「英語ができない国に生まれた試練」を経験した猪塚氏の歴史がある。逆の見方をすれば、英語ができなかったから「キリロム工科大

キリロムリゾート（カンボジア）のメインレストランとバンガロー

表7－1　キリロム工科大学（Kirirom Institute of Technologies）
のアドミッションポリシー（2023年現在）

本学では、以下のような人を求めています。

●将来はアジア・世界を舞台に活躍する意欲のある人材
21世紀はアジア・グローバルの時代です。大きな経済発展を遂げる場所には、世界各地からビジネスのチャンスを求めてあらゆる人々が集まっています。卒業後はそのようなフィールドでダイナミックに活躍したいという学生に、本学にチャレンジしてほしいと考えています。

●多様性を尊重できる人材
日本を出れば、さまざまな人と出会います。人種、言語、宗教、文化など、日本人同士では容易に分かり合えることも、多様性のあるチームのなかでは難しい場面が多々あります。そのような環境を経験し、今後必要となるリーダーシップを身につけたい学生を求めています。

●未来の社会を変えることに関心がある人材
IoT、AIといった産業革新（インダストリー4.0）の時代において、ITを駆使する能力はあらゆる産業に必須のスキルになります。本学では、先端技術の実務での活用経験を武器に、これからの社会変革をリードしたいと考える学生を求めています。

●机の上だけではない実践的なスキルに関心のある人材
本学では、技術や知識を駆使したさまざまなテーマのインターンシッププロジェクトに取り組みます。座学での学びを実践し、各々の専門的なスキルを上げることにかぎらず、実社会で必要とされる力を経験として理解していくことに関心のある人材を求めています。

学」ができ、「さぬきピアラーニングハブ」ができたとも言える。「さぬきピアラーニングハブ」のベースになる経験がキリロム工科大学にあるため、その特徴を簡単に記載しておこう。

「キリロム工科大学」の「アドミッションポリシー」を前ページに**表7－1**として掲載した。

　キリロム工科大学が求める人材が書かれているわけだが、現在、世界が求める若者像と一致する。そして猪塚氏（いづか）は、「さぬきピアラーニングハブ」にこのような人材が世界中から集まり、そこに集まる日本の若者たち、この地域の出身者はもちろんのこと、日本中から外国人との切磋琢磨を求めて若者が集まることで過疎地域を変革し、大胆にも、世界をリードする地域に再生しようと考えている。

　猪塚氏は、ここで成功できればほかの地域でも同じビジネスモデルが成立する、と考えている。若き日に政治家を目指した彼だからこその思いつきであり、国内外の事業家や政治家を巻き込む形で活動を拡大している。

　猪塚氏は、ここに通信制高校で学ぶ若者や、日本の外を見てみたいという日本人を集め、外国人エンジニアとの共同生活を通して、従来型のインターナショナルスクールや海外留学を経験しないで世界に出ていけるだけの英語力、そして世界で生き抜くためのスキルを若者に授けたいと考えている。

▶ お互いに学び合う21世紀型教育

　ピアラーニングハブ、言葉を換えれば、21世紀型の学びが得

られる全寮制のコワーキングスペースとなる。前述したように、「お互いに学び合う場所」という意味があり、一般的な教師が生徒に教えるというスタイルからの変革を提唱している。

「ピアラーニング」とは、文字どおり「peer（仲間）」と「学ぶ（learn）」ことであり、対話を通して学習者同士が互いの力を発揮し、協力して学ぶという学習方法である。ピアラーニングにおいてもっとも重要となる概念は「協働」、つまり人と人とが互いに力を出し合い、協力して創造的な活動を行うことである。

また、学ぶだけでなく、寮において生活をともにすることで、生きた英語、ビジネスや海外の大学で使える英語力が身につく仕組みともなっている。

「さぬきピアラーニングハブ」には、世界を旅しながら学んだり、仕事ができるように、世界の8か所に拠点を設置するという計画があり、それが達成されると、6か月ごとに次に行くピアラーニングハブが選べるというシナリオになっている。

その一つとして、キリロム工科大学がある。前述したように、猪塚氏はカンボジアにITとアントレプレナーシップを英語で学ぶという4年制の「キリロム工科大学」を2014年に設立したわけだが、学生はカンボジア人だけでなく、日本人の卒業生も複数いて、日本国内外の企業で活躍している。

ともに母国語が英語ではないカンボジア人と日本人が英語で授業を受け、プロジェクトを進め、寮生活をすることで英語力と共創力がつくことを経験知として知っている猪塚氏ならではのアイディアである。

　日本各地のさまざまな地域において、廃校の再利用が進んでいる。インターナショナルスクールや保育所、老人福祉施設、地域の集会所をはじめとして、シェアオフィスやインキュベーションセンターのような、地域ビジネスの活性場となっているところも多い。

　同じく廃校を利用している「さぬきピアラーニングハブ」だが、ここの目的はほかのケースとは少し異なっている。まず挙げられるのは、海外志向のエンジニアを対象とする、英語の集中レッスンの場所となっていることだ。

　世界と日本の給与格差、とくにITエンジニアの年収の違いは新聞などで大きな話題となっている。日本では、いくつかの大手企業が「入社３年で年収3,000万円の可能性」などと謳っているが、目を海外に向けると、欧米や中国の企業では新入社員の時点で1,000万円を超える年収が提示されているのだ。だからこそ、日本で学ぶ以外に選択肢がなかった日本人のエンジニアが、英語力を伸ばして世界に挑戦するトレーニングの場が

新型コロナのパデミック後の2024年も、キリロム工科大学は新入生を精力的に受け入れている

必要であるとされてきた。

　付記しておくが、新型コロナ禍に拡大した通信制高校やオンライン大学で学びながら独学で英語力をつけるよりも、英語で生活する寮と、キャンパスを利用したプロジェクト活動のほうが格段に英語力を高めてくれることになる。

　高校生、大学生、社会人が同じ場所に集まり、入り交じることで、これまでとは違った相乗効果が生まれ、外国人をはじめとして、香川県さぬき市以外の人たちが集まる場所となれば、地域の活性化はもちろんのこと、「若者の集まる場所」としても注目を浴びるようになる。

　もう一つの目的は、キリロム工科大学の「姉妹校」としての位置づけである。日本人の学生がカンボジアのキャンパスに行く前のソフトランディングの場であったり、他国からカンボジアの大学に行く前後に日本で学ぶ場になるという。すでに、キリロム工科大学の卒業生であるカンボジア人が7名が、「さぬ

日本料理で宴会する学生

きピアラーニングハブ」に入居している企業で働きつつ寮生活を送っている。

　猪塚氏は、フランチャイズ化によってこのピアラーニングハブを世界中に広めることを計画している。

▶ 地方が変われば日本が変わる

　地域説明会を開催した際、猪塚氏は次のように説明した。

「最初はカンボジア人のエンジニアが来て、その後には世界各国からの外国人がここで生活し、学びます。日本人は、さぬきの人はもちろんのこと、日本中から人が集まるという構想です」

　すると住民から、「カンボジア人が来るのは、なんだか怖いんです」と、控え目ながらも反対の声が上がったという。

　このような光景は、地方都市に行くとよく目にする。しかし、よく考えてほしい。このような発言の裏側には、「知らないことに対する思い込み」がある。手を挙げて意見を言った人は、多分カンボジア人を直接見たことがないであろう。もちろん、会って話したこともないにちがいない。たぶん、「カンボジア＝地雷、内戦、虐殺……」というニュースが頭のなかをめぐり、「カンボジア人は怖い」と思ったはずだ。

地域の人に説明

　この人が悪いわけではない。日本には、とくに地方都市には、多様な外国人もいなければ、外国人に関するよいニュースがあまり流れていないからだ。

　世界の話となると、ノーベル賞やスポーツ競技などのニュースを除いては、ネガティブなニュースしか耳には入らない。「大人という立場」の人がこのような考え方をしておれば、その地域に住む子どもたちにも、そのような考え方が植えつけられてしまう。

「さぬきピアラーニングハブ」は2023年5月にスタートしたばかりだが、すでにさまざまなメディアで取り上げられている。都会には、外国人と一緒に生活できる寮、外国人とともに働くシェアオフィスがたくさんある。それをさぬき市にもってきて、「地方における未来の成功例」をつくり上げようと、猪塚氏は奮闘しているのだ。旧神前小学校も驚いていることだろう。

　外国人と日本人が英語で共同生活をする寮は、市内の空き家を使う予定となっている。「さぬきピアラーニングハブ」のスタッフは、空き家を探してきては「寮にできないか」という打診を繰り返している。きっと5年後には、100人単位の外国人と日本人が同居し、「小さな地球」がこの地に誕生していることだろう。

「外国人が気軽に遊びに行ける場所がないし、英語が話せる人が彼らだけというのが、現在の困り事です」と猪塚氏は言う。彼は、このような課題まで解決しようとしている。彼らの英語の話し相手になるために、1か月の半分ほどはさぬき市にいて

124

活動している。猪塚氏にとっ
ても、英語をブラッシュアッ
プするよい機会となっている
ようだ。

2024年の夏にイベントを行う予定と
なっているテアトロン

　20代のときには政治家志望
だったが、都議会選挙で1回、
国政選挙で1回落選し、事業
家として社会を変える道を選
んだ。50代となった自身を高い位置から見つめながら、「最後
の仕事は、ふるさとをビジネスで変えることで、日本を、アジ
アを、世界を、自分の手で変える」と言う。この言葉から、猪
塚氏の意気込みが伝わってくる。

　確かに、地方と世界がダイレクトにつながる地域が増えれば、
東京を経由するという無駄が省ける。地方の若者が、身近な場
所で世界・外国人に触れられ、会話ができ、そして共創できる
場所が日本には必要である。世界に出ていける人ばかりではな
い、というのが日本の現状であるからだ。

イベントで司会をする猪塚氏

▶ 世界を旅しながら仕事や学びを行うわけ
——仲間と世界を転々としながら共創する

　ピアラーニングハブの世界展開は、さぬき市を皮切りにキリロム国立公園（カンボジア）・サニーベール（シリコンバレー）・東京・プノンペン・シンガポール・バンガロール・バンクーバーが予定されている。

「流動性」という言葉を聞いたことがあると思うが、現在、日本の地方における大学への進学状況がおかしなことになっている、と私は思っている。つまり、「流動性」という言葉が地方においてはなくなるのではないかと危惧しているのだ。

　先日、あるオンラインの動画番組に出ていた地方放送局の幹部が、「少子化対策のために、大学進学する若者を県外に出さないことに注力しています。県内大学への進学者には、奨学金を出すなどの施策を行っています」と朗らかに話していた。YouTube で放送されているので、日本中の人が、いや世界中の人が見られる。

　ちなみに、そのチャンネルの登録者数は54万人（2023年11月現在）となっており、当該県民数の約半分となる。

　一方、別の記事では首都圏の有名私立大学への入学者の6割以上が関東の学生となっており、大学内に多様性をもたせるために、地方出身者に奨学金を出して上京を促しているという記事があった。

　地方の学生は「引っ張りだこ」のようにも思えるが、考えていただきたい。こんなおかしな話があってもいいのだろうか。

大学生として都会に出ていくと地方に戻ってこないから地域に
とどめるという論法がまかり通るなら、これは大問題である。
なぜなら、その地域しか知らない若者が、その地域の活性化を
目指すのには無理があるからだ。

「県を出ていったら戻ってこない」という課題を解決しようと
はせず、経済的な恩恵をチラつかせて県内に若者をとどめると
いう政策は、行政担当者のアイディア不足にほかならない。一
方、都会の私立大学も、地方の若者率が上がることで多様性が
高まると考えるのは短絡的である。情報や設備、ましてや多様
な人材が少ない地方の人が大学に増えたからといって、都会に
住んでいる大学生の多様性が高まるとは思えない。

　要するに、１か所にいてはいけないということだ。つまり、
行く先々には違うものがたくさんあり、自分とは異なる考え方
の人がいて、まったく常識の違う世界があるということだ。そ
れらをどれだけ知れるか、現在、それが問われている。

　日本のダイバーシティの範囲はとても狭い。世界の先進国で
は、男性同士や女性同士が結婚できる国も多いし、お酒が飲め
る年齢も違えば、車の運転免許の取得方法も違っている。生卵
が食べられる国は日本くらいだし、印鑑がないと口座の開設が
できないとか、タクシーのドアは、待っていたら自動的に開く
というのも日本くらいだ。

　日本にいればほとんどが「日本人」だが、世界の国々に行く
と、誰が見てもインド人という人がデンマーク人だったり、韓
国語を話しているから「韓国人ですか？」と聞けば「アメリカ
人です」という回答があったりと、驚くことばかりである。も

　ちろん、ハンディキャップのある人々が活き活きと生活している国もたくさんある。

　とにかく、「違うことが当たり前」なのだ。そのことを、自らの体験で若者に知ってほしいと思っている。日本の現在に対する違和感をもたないことには、日本を変えることはできない。日本の若者が世界を知ることは、日本のためであり、世界のためであり、未来のためである。

　世界のなかの日本人、地球市民としての日本人として生きるためには、さまざまな国・地域を知ることが一番簡単だし、費用対効果も高い。

　このように書いてしまったが、これは猪塚氏にインタビューをした際の回答ではなく、私の持論である。こう考えているからこそ、ピアラーニングハブが、世界を旅しながら仕事や学びが継続できるという環境を提供するといった仕組みは本当に素晴らしいと思っている。

　日本ではまだ知名度は低いが、アメリカには「Think Global School」という高校がある。2010年に設立されたこの高校は、３年という在籍期間に10か国を旅しながら学び続けるという学校である。世界中から生徒が集まり、各国に２か月間滞在し、その国の学校や企業と連携して学びを深めている。2024年には、広島市に生徒たちがやって来ている。

　2014年、同じくアメリカには「ミネルバ大学」が設立されている。この大学の授業はオンラインで行われているが、「七つの都市のキャンパスを移動する全寮制」が謳い文句となっている。

　両校のような、世界を旅しながら学ぶスタイルはこれからも増えていくだろう。日本の場合、英語ができる人が少ないため、このような情報をなかなかキャッチすることができない。しかし、どちらの学校にも日本人学生がいるそうだ。

　世界を移動し、一緒に生活をし、その地域らしさを味わい、自分の学びたいものを見つけていく。想像するだけでもワクワクしてくる。今となっては、高校生にも大学生にもなれない私だが、ぜひ、ピアラーニングハブの世界拠点を回ってみたいと思っている。

　現在、「さぬきピアラーニングハブ」では、カンボジア人のITエンジニアを雇用する企業の入居に合わせて、英会話Cafe、エンジニアの英語集中レッスン、高校生の自習室（東大生の家庭教師付き）、個別英会話やプログラミングレッスンなどの事業をスタートさせ、「英語で21世紀型の学びが得られる全寮制のコワーキングスペース」をはじめている。

「さぬきピアラーニングハブ」における次の仕掛けがとても楽しみである。

英会話カフェのパンフレット

第8章

軽井沢にある「私立ユナイテッド・ワールド・カレッジISAKジャパン」

——日本初の一条校インターナショナルスクールを、たまたま息子が卒業した

2022年5月に行われた卒業式

基本情報 ユナイテッド・ワールド・カレッジISAKジャパン
（UWC ISAK Japan）（2014年8月開校）
〒389-0111　長野県北佐久郡軽井沢町長倉5827-136
TEL：0267-46-8623
https://uwcisak.jp/ja/

息子が学んだ ISAK の思い出──保護者の立ち場で

　最後にご紹介したいのは「UWC ISAK JAPAN」である。2014年に開校したこの学校は、当初「インターナショナル・スクール・オブ・アジア軽井沢（International School of Asia Karuizawa）」と呼ばれていたが、2017年、ロンドンに本拠地をもつ「ユナイテッド・ワールド・カレッジ（United World Colleges：UWC）」の17番目の加盟校となり、「ユナイテッド・ワールド・カレッジ ISAK ジャパン」と名称を変えている。

　先にお断りするが、この学校へのインタビューは行っていない。息子がこの学校の卒業生であるため、入学から今日までの４年間、保護者という立場でかかわってきた。ここでは、保護者目線でこの学校に関して紹介していくことにする。さらに言うと、この学校での経験があるからこそ、日本の各地方に公立のインターナショナルスクールをつくる必要性を感じたということを力説しておきたい。

　2024年１月７日の夕方、東京・麻布十番駅で地下鉄を降りて地上に出る。夕暮れと夜の間の暗さも相まって、少し寒かった。コートの襟に手を添えて歩く人たち。昨日までとは打って変わって、寒さをしのぐために手袋をしている人も多い。私はというと、いつもより一枚多い服装で出掛けてきた。

　麻布十番駅には、年に１、２回ほどしか降りることがない。「保護者懇親会の会場がなぜここなんだろうか？　東京駅界隈

や渋谷・新宿など、もっと便利な場所もあるだろうに」と思いながら改札口を出た。ロングコートを羽織っている人が多いなか、六本木界隈となるせいか、薄着の若い外国人がやたらに目立った。

　このあたりには各国の大使館がたくさんあり、多くの外国人が生活している。外国人好みの飲食店も多いうえに、インターナショナルスクールも複数あるため、外国人の子どもや若者が普通に街を行き交っている。パーティー会場がこの近辺となったことの意味がようやく分かった。日本に住む外国人にも、海外から来る外国人にも、六本木・麻布界隈は分かりやすいところなのだ。

　しかし、なかなか会場となっている店が発見できなかった。キョロキョロしているとき、背の高いご夫婦のような2人連れが目に入った。息子に、「あの人たちは、きっと同じ場所を目指しているよ」と言いながら、この2人を追い抜いた。

　私たちが目指していたのは「UWC ISAK Japan Parents Gathering 10th Anniversary Celebration」の会場である。店の前を行きすぎて戻ってきたとき、その2人が手招きをしてくれた。「ここですよ」と。彼らも、私たちの目指す場所が同じであると思っていたようだ。

　ISAKは創立10年となったが、2020年からの新型コロナ禍は、保護者の集まりは開催されていなかったという。そして、3年後となる2023年11月、在学生の保護者（発起人）から連絡が入って、保護者懇親会の開催を知った。

　新型コロナ禍で学生生活を送った息子の学友数人に会ったことはあるが、保護者となると誰一人として知らない。これに参加しないと一生保護者と話をすることがないと思って、勇気を振るって参加したわけである。「開校10周年記念の保護者懇親会」というものが、一般的な日本の高校にあるのかどうかは知らないが、保護者に寄付金を募るというのが当たり前のインターナショナルスクールにおいては、当然なのかもしれない。

　実は、一人で行くのがちょっと不安だったので、嫌がる息子にお願いをして一緒にこのパーティーに参加したのだが、本当によかったと思っている。

　まずは、公式ホームページより引用する形で「UWC」と「UWC ISAK Japan」について紹介しよう。

ユナイテッド・ワールド・カレッジ（UWC）とは

　ユナイテッド・ワールド・カレッジ（UWC）は、世界各国から選抜された高校生を受入れ、教育を通じて国際感覚豊かな人材を養成することを目的とする国際的な民間教育機関です。現在までに、イギリス、カナダ、イタリア、アメリカ、香港、ノルウェー、オランダ、ドイツ、日本等、世界各地に一八のカレッジ（高校）が開校されています。

　UWC国際本部はUWCを、平和と持続可能な未来のため、教育が人、国、文化を結び付ける力となるようにする、世界的な運動と位置付けています。

UWC ISAK JAPAN について

モットー

　一度しかない人生。

　自分の個性を生かして思い切り生き、自らの立つ場所から世界を変える。

　この信条は、長い人生の中で最も多感な時期をこの学校で過ごす生徒たちに対する願いと、その成長を支える私たちの強い意志が込もっています。UWC の創設者であるカルト・ハーン（Kurt Hahn, 1886〜1974）の言葉ですが、私たちはそれぞれ自分の中に思っている以上の可能性を秘めています。本校では生徒がのその可能性を活かして、さまざまなコミュニティにポジティブな変化をもたらすことができるように取り組んでいます。

ユナイテッド・ワールド・カレッジ ISAK ジャパンの建学の精神

　私たちは、自ら成長し続け、新たなフロンティアに挑み、共に時代を創っていくチェンジメーカーを育みます。

　私たちは、教育の力はもちろん、ポジティブな変革をもたらす若者の可能性も強く信じています。本校では、生徒たちが自身や社会にとって大切なことを見極めつつ困難な状況においても行動を起こし、多様な価値観を受け入れ活かしながら、他者のことも同時にサポートできるような、チェンジメーカーとしての素質を伸ばしたいと考えています。生徒たちはこれらを実践するためのプロジェクトを設計し、在学中に実行します。

　在校生と卒業生の保護者が大多数で、数人の卒業生や学校関係者が集まった保護者懇親会は、英語と日本語が飛び交う場所となった。現在日本に、そして関東に住んでいる人が多いと思っていたが、シンガポール、マレーシア、香港、韓国のほか、沖縄、福岡、広島、神戸、軽井沢などからやって来たという人たちもいた。

　お互いに知らない同士の保護者、そのうえ国籍や世代も違うのだが、そんなことはお構いなしに、英語と日本語が混ざった会話をしている。みなさんがどのような話をしているのかは分からなかったが、全員があふれんばかりの笑顔であり、にぎやかな雰囲気であった。

世界から集まった参加者　　　　　　　　みんな大笑い

　日本の学校の保護者会といえば、なにがしかのトラブルについての報告があり、それについて話し合うという場面が多かっただけに、誰もが平等・公平な立場で話している様子に思わず戸惑ってしまったが、まるで「旧知の仲」という雰囲気ができ上がっていた。

　あっという間に3時間が過ぎたのだが、知らない人ばかりが集まるというパーティーは私にとって初めてで、正直なところ誰の名前も覚えていない。

　最後に、何人かの卒業生がスピーチをした。学校での思い出はもちろんのこと、「UWC ISAK ジャパンの卒業生でよかったこと」などをそれぞれが述べていたが、そのなかでも印象的だったのが次の言葉である。

「世界中のどの国に行っても、UWC や ISAK の卒業生がいる。すぐにつながり、その地域に交われる。それが、人生の学びを深めたり、ビジネスのチャンスになっている」

　そんな高校だったのか！　と驚いた。一人の保護者として、ISAK の思い出や感想をもう少し話していこう。

普通の子どもを変化させる ISAK

　上信越自動車道を碓氷軽井沢インターチェンジで降りて、別荘地を目指す。軽井沢といえば、「軽井沢 石の教会 内村鑑三記念堂」もある。ジョン・レノン氏（John Winston Ono Lennon, 1940～1980）がよく訪れていたという話も聞くが、近年、一番スポットライトが当たっているのは「星野リゾート」が経営するホテルではないだろうか。

　その「星のや軽井沢」を通り過ぎて左に曲がると、細い道が坂の上を目指して続いている。ご存じのように、軽井沢には分譲の別荘地がたくさんある。その一つ、「あさまテラス」別荘地の奥に「UWC ISAK ジャパン」はある。

　別荘地を通って学校に行く場合、とても大きな家屋を左右に見ながら坂を上ることになるが、一般道から行くと、キャベツ

軽井沢石の教会　内村鑑三記念堂

ISAK の入り口

すべてが英語表記となる

畑が広がっている。つまり、畑のなかの道を通るコースもあるということだ。

　細い道には、「見落としてください」と言わんばかりの小さな看板があり、その先にISAKがあった。敷地内に一歩入った途端、そこはまるで外国である。建物はもちろんのこと、大人から子どもまでが日本の学校とは異なっている。言うまでもなく、すべての表記が英語になっており、先ほどまで見えていた浅間山は「Mt. Asama」となる。

　2014年、「インターナショナルスクール・オブ・アジア軽井沢（ISAK）が学校運営を開始した。それまで、日本にあるすべてのインターナショナルスクールは一条校ではなかった。つまり、すべてのインターナショナルスクールが、文部科学省が認める学校ではなかったということだ。

　インターナショナルスクールのカリキュラムを文部科学省が発行している「教育指導要領」に準拠して「ISAK」は一条校

の認可を取得し、「一条校のインターナショナルスクール」第
1号の誕生となった。そして、私の息子がたまたまこの学校を
卒業した。「たまたまなんてことがあるはずがない」と思われ
るかもしれないが、本当にそうなのだ。

「日本の学校におけるグローバル教育の遅れ」という大きな流
れに気付いたのは、先に紹介した「キリロム工科大学」（116ペ
ージ参照）の東京事務所長をしていたときだ。この職に就いて
いなかったら、きっと息子も、今頃は日本の大学でバイトとサ
ークルを中心とした、平均的な日本人の大学生活を送っていた
ことだろう。

「息子はISAKを卒業しました」と言うと、時々「すごいです
ね」とか「優秀なんですね」とよく言われる。本人には申し訳
ないが、あえて言わせていただくと、本当に「普通の日本人の
男の子」である。しかし、ISAKが息子を変えたのは事実であ
る。**学校が子どもを変えられる**
と、私が初めて理解したという
経験である。

　だから私は、たくさんの人に
このような経験をシェアしたい
と思ってさまざまな学校を見て
回り、これまでレポートを書い
てきた。本書は、その一部でし
かない。

　普通の男の子の母親である私
も、普通のおばさんである。ほ

卒業した息子とともに

んの少し、一般的な日本人よりは行動力があるとは思っている
が、その行動力も、世界から見れば近所を散歩している程度で
ある。実は、私はあまり英語ができないのだ。そんな私が世界
中の学校を回っているのだから、自分でも驚いてしまう。

　我が家の息子は地元の公立小中学校を卒業し、その後は都内
の私立高校に進んだ。高校1年生を終了してからイギリスのボー
ディングスクールに転校したが、新型コロナの関係で日本に
戻ることを決めた。だから、中学を卒業してから4年半後に
ISAKを卒業したことになる。ここでの生活が、まちがいなく
息子を変えることになった。

▶ 正しいグローバル教育とは

　もっと多くの、正しいグローバル教育ができる学校が日本に
必要だと思ったのは、ISAKに通う子どもの保護者という経験
があるからだ。先にも述べたように、私は富山県に生まれ、成
人するまで日本を出たこともなく、親に「女の子は短大がよい」
と言われてその進路を選んだ。そして、関西の短大生になった
とき、「あれ、おかしいぞ。親の言っていたこと以外の選択肢
がたくさんあったじゃないか」と気付きながらも、日常の忙し
さを理由にして、どちらかといえば「人生を楽に」生きてきた。
　私の親は、地方に住む一般的な人と同じく、「子どもには過
不足のない、安定した幸せを得てほしいと思っていた」のだろ
うと、自分が親になってから分かった。しかし私は、「子ども

には、その子が得られる可能性のなかから最高の人生を歩んでほしい」と考える親になった。そして、普通の子どもが世界観をもつための選択肢として、インターナショナルスクールの存在を知ったわけである。

改めて考えてほしい。大多数の親は、子どもたちには少しでも偏差値の高い高校に入学し、就職に有利な有名大学に進み、しばらくしたら家庭をもって、それなりの幸せをつかんでくれたらよいと思いながら子どもを育ててきたのではないだろうか。しかし、それが再生産できる時代ではなくなっている（そもそも、その考え方が正しいのかと疑問視するべきである）。

少子化が進んでいる、結婚をしない人が多い、不登校の生徒が年々増えるといったニュースを耳にすると、一見したところ日本をネガティブな世界に引きずり下ろしているように思えるが、冷静に考えれば、すべての人が自ら決定を下し、行動しているだけである。

子どもをもちたくない、結婚をしたくない、学校に行きたくない、そんな社会をつくってきたのは、ほかならぬ現在の大人である。楽しいはずの、社会性を育んで世界で生きていくための基礎をつくる「学校」に行けないという子どもが多くなっていることを「問題視」するのであれば、まずは大人が反省すべきである。

▶ 初めてあった ISAK 生はカンボジア人だった

ISAK の存在を知ったのは2013年である。ちょうどそのころ

からキリロム工科大学で働きはじめ、日本の高校についていろいろ調べていたときに知った。世界中から生徒が集まる、チェンジメーカーを育成する全寮制の高校ということで、日本の教育界でも注目を集めていた。とはいえ、教育界のなかにおいても、「とんがった方々」しか知らなかったという事実を後日知ることになった。

　私は横浜市に在住しているので、一般的には都会に住んでいる人となるようだが、近所にある公立中学校の教師に ISAK の話をしても、「知らない」と言われることが多かった。多分、インターナショナルスクールだからであろう。

　息子が入学する前は、新聞記事やテレビの報道番組で ISAK の情報を目にするにつけ、「すごいなあ、どんな子どもたちがこの学校で学ぶのだろうか」と他人事のように思っていた。もう少し正確に言うと、「こんな学校に自分の子どもが行けたらいいな。しかし、別世界の人たちが行くところで、我が家には関係がない」と思っていた。

　2019年の春、仕事の関係者から連絡が入った。彼は、プログラミングに関する授業で ISAK にかかわっているという。何人かのカンボジア人 ISAK 生と、「キリロム工科大学で会わないか」という誘いであった。

　ISAK の学生がどのような人たちなのかと知りたいと思っていた私は、二つ返事で承諾し、彼らの長期休み期間中で、私がカンボジアにいる日時を伝えた。

　ここで、みなさんに考えてほしいことがある。日本で学ぶカ

ンボジア人の高校生となると、あなたはどのような若者を想像するだろうか。そのころの私は、今以上に知識が浅く、思い込みが強かった。

「カンボジアという貧困の国から日本へ留学するわけだから、貧困家庭の子どものなかから選抜された、非常に成績のよい子どもたち」と思い込んでいた。しかし、実際に来たのは、想像とはまったく異なる若者であった。

　17歳〜19歳の男女は、ピカピカの「ピックアップトラック」（トヨタ）でやって来た。「この車は誰の？」と聞いたとき、女の子が、自分のもので、新車であることを教えてくれた。私が話すカタコト英語の質問に、彼女たちは流暢な英語で答えてくれた。

　いろいろと話して分かったのは、彼女の両親は医師と弁護士で、ISAKを卒業したあとはアメリカの大学に進学する予定である、ということであった。

「どうしてISAKを知ったのか？」という質問には、「親がすすめてくれた」という返事であった。そして、ISAKには世界中から、貧困層から富裕層までの学生が集まっている、とも教えてもらった。

キリロムに来たカンボジアのISAK生と友人たち

プノンペンでもインターナショナルスクールに通っていたので、英語は高校に入学する前から話せたという。私がイメージしていた「貧困国カンボジアの高校生像」は、見事に砕け散ってしまった。もちろん、私が想像しているような子どもたちもいるだろうが、「ダイバーシティ（多様性）」を実感する出来事であった。

貧困国の富裕層に生まれた子どももいれば、先進国の貧困層に生まれる子どももいる。英語がろくに話せないのに先進国の大人のつもりだった私は、これがきっかけで大きく考え方を変えることになった。世界中の人たちは、一人ひとりさまざまなバックグランドをもっており、国や民族などでひと括りにすることはできない。

事実、5人で来た彼らは、リゾート地で食事をし、自分たちの車で首都プノンペンに帰っていった。

インターナショナルスクールや自国外の学校で学ぶチャンスのある子どもたちの保護者には、理解力・経済力・情報力（奨学金情報も含めて）がある。もちろん、教師を含めた、保護者以外の周りの大人からの情報提供もあるだろう。

子どもの未来を考えない親はほとんどいない。しかし、多くの親は、自分がもっている情報のなかから「最善」と思われるものを子どもたちに伝えている。ここで考えるべきことは、「自分のもっている情報がすべてなのか」、「正しいのか」ということであり、「もっとほかにもあるのではないかと思って行動できるか」という姿勢である。

「それは子どもたちが考え、探すべきことだ」と言う人も多い

だろう。しかしながら、彼らの親世代の教育現場を振り返って
みれば、自分で考えて、調べて、行動して、答えを出すという
授業はほぼ行われていない。それだからこそ、周りにいる大人
は、子どもたちの選択肢を広げるべく、自身の周りにある情報
をさらに多く、そして正確なものを探すために努力をしなけれ
ばならない。

　このような努力は、「子どものため」というだけではなく、
大人自身が生きていくためにも必要なことである。今まさに、
日本の学校教育は過渡期にあるということをふまえての考え方
である。

　このときに出会った ISAK の卒業生とは、今も facebook を
通じて親交がある。そのうちの 1 人は、「カンボジアにも
ISAK のような学校をつくりたい」と言っていた。そういえば、
息子の友人にも同じことを言っている開発途上国の学生が何人
かいた。要するに ISAK は、開発途上国の若者にとっては、「自
分の国に欲しい学校」という評価になっているのだ。

　このような経験をしても、当時の私は、自分の子どもがこの
学校に行くことになるとは想像していなかったし、期待もして
いなかった。まだまだ「特別な子どもたちが行く学校である」
と思っていたのだ。

　そして、ISAK が「意思のある子どもたちが特別な若者にな
れる学校である」と知ったのは、つい最近のことである。それ
で私は、そのような公立の学校を日本の地方につくる必要があ
ると考えはじめたわけである。

▶ 新たな風を呼び込むユニークな学生を求める ISAK

　普通の男の子が、世界で生きられる若者として成長していく。その過程を伴走してくれたのが ISAK である。本書で紹介している学校や団体のなかにも、寮生活のできるところが複数ある。それ以外にも、さまざまな国の人が集まる場もあった。

　ここ ISAK は、「自分で考える・仲間と共創する・人生の選択肢を増やす」ことを、学生が学校とともにつくり上げていくという新しいスタイルの学校である。

　入学して最初のころは、学校で驚いたことがあったら息子は連絡をくれていた。しかし、いつの間にか、「驚きが当たり前」となったときから連絡がほとんど来なくなった。たぶん、そのころに、「普通の男の子」が「世界で生きられる若者」に変わったのであろう。

　保護者として私は、日本の公立小中学校、日本の私立高校、イギリスのボーディングスクール（15ページの注参照）、そして ISAK を経験している。ISAK で驚いたのは、「日本の一般的な学校とこんなにも違うのか……」ということである。しかし、その経験が今の私を突き動かしている。

　例を挙げながら紹介していこう。

　ISAK の生徒たちは、一般的な日本の高校（一条校）と比較して、とても自由である。制服もなければ、スポーツウエアも自由である。夏でも冬でも、サンダルで授業を受けている生徒がいる。

校則はもちろんあるが、聞くところによると国連憲章と平和憲法のような内容だという。つまり、学校がつくったルールに則って生徒を行動させることはなく、地球市民としての自覚のうえで自分たちを律する行動を促すものである、と感じたのだ。

息子から聞く話は本当に面白かった。たとえば、朝はとても眠いという学生が多い。全寮制なので朝食は準備されているが、それに間に合わない学生もいるようだ。そこに目をつけたベトナム人留学生は、自分のユニット（4人で一ユニットの生活空間があり、バス・トイレ・ミニキッチン・団欒スペースがある）のキッチンでサンドイッチをつくって販売をはじめたという。最初のうちは売れていたようだが、味があまりよくなく（ほかの理由もあったかもしれない）、購入者が減り、最後には、本人自らが販売中止を決断したという。

売るほうも、買うほうも「さすが」のひと言である。学校側が知っていたのかどうかはさておき、「自由にそんなことを考えて、それができる空気が流れている」ことを、保護者としてとても嬉しく思った。なぜなら、そのような場があるからこそ、小さな成功体験・失敗体験ができ、それらが子どもたちの未来をつくっていくことになるからだ。

「プロジェクトウィーク」というものがある。それぞれの生徒が社会を変えるためのプロジェクトに取り組むわけだが、その際には予算を学校に申請し、学校から支給された金額でその活動を行うことになる。もちろん上限はあるが、息子は熊本の帽子製造メーカーでのプロジェクトのために、熊本までの往復航

ISAK の寮外観

ユニットの日常風景。学生は自分たちで仲間を決める

空券の費用を申請して許可を得ていた。その際、宿泊費を先方に出していただくための交渉もしていた。

そのほかにも、自動車の部品メーカーにインターンシップに行く学生や、近隣の小学校で、自分が考えたプロジェクトを行うという学生もいた。個人やグループで、みんながやりたいことをやっていた。

これらのプログラムに関する成果は、それぞれが３分の動画をつくって、オンライン上で発表するという形となる。各学生が好きな時間に閲覧し、同じくオンラインで評価していくことになる。

日常生活はというと、同級生のロシア人とウクライナ人からそれぞれの国に関するニュースや情勢を聞いて、双方の意見や各国のニュース、日本のニュースと比較しながら信憑性を調べていた。また、さまざまな職業の保護者に対して、自分の研究内容について質問をしたり、意見をもらっていた。

このようなこと、「挙げ出したらキリがない」とだけ言っておく。

私自身にとっては、オンライン保護者会において、画面の向こう側に映る顔・名前・時差がとても印象的であった。先にも述べたように、私の英語力が低いということで、日本のインターナショナルスクールでは入学試験はおろか、説明すら聞かせてもらえなかっただけに、「保護者会」という空間がとても感慨深いものであった。もっとも、話の内容をすべて理解したわけではないが……。

プロジェクトウィークの一コマ。帽子と裁断残のリサイクルを
みんなで検討した

▶ 「世界のどこでも生きられる普通の若者」の育成が急務

　日本人の同級生もいたが、約80か国の学生が集まっている
ISAKでは、在校生の約7割が、何かしらの奨学金を受けて学
んでいる。経済的に裕福な家庭からはもちろん、全額を奨学金
で頑張っているという学生もいた。一番驚いたのは、入学時に
は女子だった学生が、卒業時には男子になっていたことである。
それが理由なのか、男子寮、女子寮、そして男女寮があった。

　私にとっては驚きの連続であるが、在籍している学生や教師
にとってはすべてが当たり前なのだろう。日々変化を続けるこ
とが当たり前になっている学校なのだ。

　ここは、学び舎であり、生活の場であり、みんなで考えたり、

議論したり、新しいことを生み出したりという、未来をつくる場所である。このような場を、日本にいる多くの子どもたちに体験してもらいたいという思いで私は日々行動している。

　先日、「ISAKが小学校・中学校をつくりたいと思っている」という記事を目にした。このような構想が社会的に大きな影響を与え、「日本の学校はこのままではいけない」という強風となり、その風がもっと遠くに、日本の隅々にまで届くようにしたい。そうすれば、たとえ短い時間であったとしても、地方の子どもたちも同じ経験や体験をすることができる。

　私が大声で叫ぶよりも、体験できる人を一人でも増やすことが一番効果的である。

　世界で生きられる普通の若者になった息子は、現在、オーストラリアで大学生として学んでいる。日本の高校を退学すると決めた際、「彼（息子）が海外の高校に行けるなら、自分も行ける」と言って、数名の友人も高校を退学して外国に渡っている。現在も息子は、オーストラリアから、日本の大学に進んだ多くの友人に交換留学をすすめている。

　必要とされるのは「勇気」よりも「意識転換」である。そして、ISAKの卒業生の親として言えることは、「日本の普通の子ども」が「世界のどこでも生きられる普通の若者」になるためには、若いときにさまざまな経験をすること、となる。ユニークな人として生きてもよい環境を、日本の若い人たちに是非提供してほしい。

第 9 章

教育先進国で子育てをする
日本人ママにインタビュー

——北欧・イギリス・北米・東南アジア

自らの「透明の箱」を開けるキー（鍵）を手
に入れよう

　日本を飛び出して、外国で生活・子育てをしながら国内外の教育にかかわっている方々からお話を聞いた。教育関連の仕事に従事している方もおれば、現地で仕事をし、子育てをしている方もいる。娘さんが飛び入り参加したインタビューもあったが、それぞれの教育に対する考え方などを参考にしていただきたい。

　日々「そんなこと当たり前でしょ？」言ってしまうことが多いと思うが、ここで紹介する話を読むと、その「アタリマエ」が国によって違うことが分かるし、単なる「思い込み」でしかなかったことに気付くかもしれない。そんなことをイメージしながら、楽しんでいただきたい。

▶ # カナダ　高林 美樹さん

　最初に紹介するのは、カナダのブリティッシュコロンビア州（BC州）に住む高林美樹さんである。高林さんに初めてお会いしたのは2023年の秋。共著者として私が著した『答えのない教室』（新評論、2024年）の取材のためにカナダを訪れたときである。2週間ほどの滞在であったが、その間に4回もお目にかかっている。その事実に、我ながら驚いている。

公立フレンチイマージョンとインクルーシブな学習環境

有澤　早速ですが、まずは家族構成からお聞かせください。

高林　我が家は4人と犬1匹の家族です。カナダ人の夫、長男（18歳）、長女（16歳）、そして愛犬のオージーは3歳で、

新型コロナ禍の真っただ中に受け入れたスタッフォードシャー・テリアです。私は静岡県の出身で、夫はイギリス人とアイルランド人の祖先をもつ「ちゃんぽん家族」です。

高林ファリミリー

有澤　美樹さんは、どうしてカナダにお住まいなのですか？

高林　私は静岡で準公務員をしていたのですが、離婚を機に英語を習い出し、思い切ってカナダへ旅行に行きました。そのとき、この地が気に入って、大学のESL（英語力を補強するための科目）を申し込んで、一旦日本に帰国し、再びカナダに渡ったときに知り合った夫と結婚しました。夫は金融関係の仕事をしていますので、カナダ、日本、アメリカ、イギリスでの生活を経験しました。

　イギリス生まれの長男と日本生まれの長女の幼少期は、日本で生活しました。第一言語であるはずの彼らの英語力がままならない状態になり、息子の幼稚園生活が不安定なものになりました。また、夫はかなり忙しく、娘にとっては外国人だったため、帰宅した父親を怖がったんです。

　日本の幼稚園では、みんなが一緒に行動するというのが当たり前ですが、息子にはそれができず、問題行動と見ら

れてばかりいました。何度、お菓子を持って謝りに行った
ことか。このまま日本にいることが子どもたちにとってよ
いのかと悩み、違いに寛容な文化や公教育システムのある
カナダへの転居を決意しました。

有澤　私も、菓子折り持参を何度も経験しましたが、国外転居
というのは選択肢になかったです。さて、カナダでの子ど
もたちの教育はどのようなものでしたか？

高林　２人とも、ウエストバンクーバー市のフレンチイマージ
ョン教育の公立高校(1)で学びました。卒業した息子は現在
ギャップイヤー（Gap Year）で、１年間、陸軍・海軍訓
練体験プログラムを受講中です。給与、福利厚生保障や、
将来、大学の学費が無料になるという特典があり、防衛省
などの管理職キャリアにもつながるものです。

　　娘は高校１年生ですが、将来は「ロイヤルミリタリーア
カデミー（防衛大学)」や、パイロットプログラムのある
大学への入学を希望しています。二人とも、何とかして授
業料がかからない方法で行ける大学を探しています。

有澤　美樹さんは子どもたちに、どのような教育環境を提供し
たいと思っていましたか？

高林　簡単に答えると、①マイノリティとしても誇りをもって
生きていける場所、②インクルーシブ教育の、人間力を伸
ばす質のよいカリキュラムや学習支援がある場所、③バイ
リンガル・イマージョンプログラムで将来の選択肢と可能
性が広げられる場所、となります。

　　その結果、さまざまな民族が混じるなかでアジア人の比

率が高い、BC州の公立学校でのフレンチイマージョンを選択しました。子どもの非認知能力と異文化コミュニケーション能力の発達が主な目的でした。フランス語能力がない子どもを対象としており、何千キロも離れているフランス語圏の言語や文化に興味をもつ子どもたちが増えることにつながります。息子と娘は、すでに英語とフランス語で生活も仕事もできますし、両文化にとても愛着をもつように育ちました[2]。二人とも、フランス語圏であるケベック州の学校を訪問したりする短期交換留学をしています。

有澤　……想像もつかないです。カナダの公教育における多様な学び方を知っていたら、私も息子にカナダをすすめたかもしれません。いや、私自身がカナダで学びたかったです。やはり、「知らないと選択肢が狭くなる」ことを痛感しました。そして、日本の学校にも、フレンチイマージョン、イングリッシュイマージョン、チャイニーズイマージョンという選択肢があればいいと思ってしまいます。ところで、美樹さんはどのような仕事をされているのですか？

高林　現在は、グローバル教育コンサルテーションが中心です。娘から手が離れたころに、ホームステイとアカデミックアドバイス事業を開始しました。そして2020年、留学生をサ

(1) フレンチイマージョン教育の高校。フレンチイマージョンとは、英語話者がフランス語で全科目の教育を受けるというシステム。また、高校3年生時点で大学1年生の単位が取得できる（AP：Advance Placement）。BC州バイリンガル認定証受理。
(2) カナダでは、英語とフランス語が公用語となっており、二つの言語文化圏が共存している。

ポートする「AK JUMP Educational Consulting Inc.」を起業しました。インクルーシブな「スーパーリーダーの育成」がコンセプトです。高校・大学進学や学習戦略、分析力・問題解決力・主体性・キャリア形成に焦点を当てた伴走型コーチングを行っています。目的に合わせて、アメリカやヨーロッパの大学進学への手引きもしています。

また、カナダはダイバーシティー・エクイティ＆インクルージョン（DEI）が発達した国なので、高校・大学の留学生や社会人団体向けに、DEIをテーマにした学習セミナーや研修を企画提供しています。太平洋を越えて、DEI推進関係者とつながりながら、日本とカナダのインクルーシブ教育の推進と共生社会づくりを応援しています。

高校でキャリア開発と将来のビジョンをデザイン

有澤　日本人の若者をカナダへ、BC州へ誘う教育という仕事をされているということですが、カナダにおける教育の特徴を教えていただけますか。

高林　BC州では、「All Means All」と言って、インクルーシブな学習環境とその支援が充実していてすごいです。教育は州の管轄で、高校までは無償教育です。また、「Core-Competencies（人生を豊かにする力）」と言って、知識のほかに非認知能力教育にも大変力を入れています。つまり、子どもを能力別で分けることはなく、数値だけで評価しないシステムを導入しています。そのほか、公立のセカンダリースクール（中学2年〜高校3年）でのコースの多様さ

と単位制度のシステムは、日本の大学に似た感じとなっています。

　移民で成り立っている国ですから、「人の権利」については小学生のときから教え込まれ、移民の生徒に対するサポートの充実度も半端なものではありません。まったく英語のできない生徒が転入してきたら専任教員が横につくほどで、個別最適な学習が支援されています。そして、高校生活の後半では、キャリア開発と将来のビジョンとデザインができる学習環境となっています。

　日常生活の場としての学校でいえば、校則やテスト、そして教師の働き方も、日本に比べると大変緩やかです。たとえば、服装や髪型のきまりはありません。テストや宿題（とくに小学校）を極力減らし、州の高校卒業統一学力テストなどは廃止になりました。職員室[3]、教師の長時間労働[4]もありません。生徒も教師も、学校が終われば自由時間というわけです。

　また、カナダのように使用言語が200以上もある多民族多文化主義社会にいると、とにかく違うことが前提となった人との付き合いがあります。国民だけでなく、外国籍の住民の人権も憲法で守られており、人権への意識が高い人が多いです。個々の権利主張がさまざまな場面で必要とな

---

(3)　教師には自分の教室が提供されており、生徒がそこに授業を受けに行く形となっている。

(4)　勤務時間は午前8時から午後3時か4時となっており、超過勤務はほぼない。

りますから、発信力の強い人が多いですね。理由づけをしてから対話を進めるんですよ。

　そのうえ、友好な関係を保つために秩序や境界線（バウンダリー）を尊重し、大切にしていますので、無闇な介入を嫌うといった傾向が強いです。これが、多様な人たちが共存していくためのコミュニケーションのコツとなっています。

　そして、「It takes a villege to raise a child！（**子どもはコミュニティー・村のみんなで育てるもんだ！**）」という言い回しが頻繁に使われている状態が好きです。

　たとえば、参観会や学校行事、学校送迎[(5)]には、母親だけでなく、父親や祖父母もたくさんかかわっています。教師指導の部活動はあまりなく、保護者やコミュニティーの人たちのボランティアによる課外活動が盛んです。ですから、アフタースクールのスポーツ競技や文化活動には家族総出で出掛けています。試合や展覧会、そして舞台での発表会にも、応援するために駆けつけています。

　このように、放課後や週末に子どもたちは親と触れ合う時間がたっぷりあるため、親子共々、精神面における栄養となり、ワークライフバランスも取れ、コミュニティーや人々のウェルビーイング（健康と幸せ）につながっていると感じています。だから、子どもたちは、大人になってからも家族の時間を大切にしています。

有澤　いやはや、かなり違いますね。言葉がありません。「世界で生きる」美樹さんの経験を通して、日本の方々に伝え

たいことはありますか？

高林　多くの子どもたちが通っている日本の公立学校において、さまざまな学び方ができるシステムの実現をお願いしたいです。公教育の場において、障がいの有無なくすべての子どもがアクセスでき、一人ひとりの特徴にあった多様な支援が受けられる学びの場をつくってほしいですね。

　数値だけで子どもたちを分けると、多様なバックグラウンドをもつ人と交わる力だけでなく、才能や可能性を狭めてしまうことになります。幼いころからみんなが一緒にいる環境があれば、大きくなってから、自分と違った人を当たり前に助けられるという共生社会が生まれます。

　もう一つは、グローバル・コミュニケーションができる子どもを育てよう、ということです。違いを認め、多様な人とのつながりができると自信がもて、自己肯定感が上がります。誰もがそのような経験ができるように、カナダのように、公立のバイリンガルプログラムができることを強く望みます。

　異文化コミュニケーションを大事にしていくための、日本語と英語のバイリンガル・バイカルチャー教育。「日本じゃ英語なんて無理だよ」という偏見を捨てて、母国語も学び続けながら培っていくグローバル・コミュニケーション能力をもって海外に飛び出せば、何も知らないで出てい

---

(5)　エレメンタリーでは、ほとんどの親が送迎をしている。セカンダリーくらいからは公共交通機関を利用し、16歳以上になれば、自分で車を運転して行くようになる。

くよりは留学の成功率がアップします。何よりも、人生における選択肢の幅が広がりますし、それぞれの幸せにつながります。

　日本の若者たちが、世界のあらゆる分野でリーダーシップをとって、課題解決ができることを願っています。

▶ 奥野みどりさん──イギリス

　次は、イギリスのノッティンガムに住んでいる奥野みどりさん。奥野さんと知り合ったのは、日本の公立小学校で行った「Out of Box[(6)]」という探究授業の講師をお願いしたときである。イギリスと日本では校舎や校庭の造りが違っていることを知った日本の子どもたちは、「国が違えば、学校の建物やグランドも違うんだ」と驚いていた。

イギリスを選択した理由は大人の QOL のため

有澤　まずは、簡単な自己紹介をお願いします。

奥野　有澤さん、お久しぶりです。よろしくお願いいたします。現在私は、日本人の夫とイギリス生まれの20歳と16歳の息子とともに生活をしています。2001年に夫がイギリスの会社に転職したため、イギリスに行くことになりました。

　　私は高校の教師をしていたのですが、まさか仕事を辞めることになるとは思っておらず、随分悩みました。当時は国際協力に興味があったこと、そしてヨーロッパの音楽（クラッシックや北欧バンド）に興味があったので、自分

自身を納得させ、「数年かもしれない」と思って移住しました。

　行ってから、語学と食文化に悩まされました。思ったよりもカルチャーショックがあり、家から出られなくなりました。そんななか、シェアハウスのアメリカ人や日本人に助けられて何とか生活できるようになり、その後、イギリス人のアドバイスで教員経験を生かした仕事をはじめました。しかし、また夫の転職で引っ越しとなり、精神面では「どん底」のなかで出産し、子育てをしてきました。

　私たちがイギリスを選択した理由は大人の事情です。「QOL（quality of life・生活の質）」のために、イギリスで仕事や生活をすることに決めたのです。具体的には、家族との時間が取れる、年休を使って一時帰国ができるということが大きかったです。

有澤　現在はどのような仕事をされているのですか？

奥野　イギリスに来てからは、教員経験を生かして、Kumon（公文）や現地の中学高校（セカンダリースクール）で教えたり、ケンブリッジ大学で勤務をしていました。現在は、イギリスの地方大学に勤務しながら、国境を越えて教育を受けられる家族のための学習相談や教科サポートを行う教育コンサルティング（みどりの窓）を運営しています。

　日本の教育を受けた人は世界レベルの数学力があるので、

───────────

(6)　世界で生活する日本人が、オンラインで日本の学校に向けて行う探究授業のことで、諸外国の生活風景や考え方などを紹介し、日本との違いについて対話している。

英語で授業を受けるときの次のターゲットは理科となります。私は、英語で理科を学習するといった、英語と理科の知識が同時につけられる授業を行っています。

有澤　イングリッシュイマージョンで理科や数学を学ぶというのはいいですね。現地の学校で授業についていくためにも、塾を含めて英語で学ぶというのは魅力的です。日本では、イングリッシュイマージョンという感覚がまだないので、奥野さんが行っている授業がもっと日本に広まってほしいと思います。

　では、両国の学校を知ったうえで、お子さんの教育環境をイギリスにした理由を教えてください。

奥野　日本で英語教育をするか、イギリスで日本語教育をするか、と考えた結果、子どもたちの学びの環境はイギリスのほうがいいと判断しました。

　日本にいたときは、私の母が自宅で英語を教えていて、外国人講師を呼んだりもしていたのですが、私自身は楽しめませんでした。学校に行けば、文法や単語のテストばかりです。それゆえ、イギリスで生活をすれば、子育てのなかで子どもたちは日本語を楽しめるんじゃないか、と思ったのです。

　のちに、このような考え方は「甘い」と気付くのですが、「ゆるゆるでバイリンガルになる」にはどのような環境がいいのかと考えたとき、イギリスにいるほうが楽しくて、日本語も学べると思いました。年に一度の日本行きのチケットが、日本語を学ぶ学費のような感覚です。

　また、さまざまな人種と暮らすことで、子どもたちに国際的な感覚が身につくと考えたことも大きいです。私自身も、周りの人から歴史や外国のことを学びました。さらに、教育費が日本に比べると安いという点も大きかったですね。鉛筆ですら家庭で用意をしなくてもいいというのは衝撃でした。

有澤　なんと、教育費どころか教材まで公の負担なのですか！驚きました。やはり、世界規模で比較すると違うことが見えてきます。具体的に、日本の教育とはどのように違うのですか？

奥野　戦前の日本がイギリスの学校制度を模倣していますので、かつてのイギリスの教育は日本に似ています。しかし現在は、イギリスの伝統を残しつつ、インクルーシブな教育やICT、教科を横断するといった教育が提供されており、常に新しいものを取り入れた形で進められています。

　中高（セカンダリースクール）の５年間のうち、数年で主要科目以外は選択制になります。そのため、13歳で歴史を習わないという生徒も出てきます。さらに高校生になると、教科を絞って３科目ほどを勉強するようになっていますので、日本で大学受験まで５教科７科目を勉強してきた私は衝撃を受けました。「**教育と教養は違う**」という考え方なのかな、と思います。

　日本の教育やIB（国際バカロレア）などでは、イギリスよりも多い科目を履修する必要がありますので、大きく違いますね。どちらが良いとか、悪いということではなく、

この違いをどのように判断するのか、ということだと思います。

有澤　私の息子がイギリスの高校に行っていたころ、IB、GCSE、A レベル[7]と選択肢が多かったことを思い出しました。日本の高校受験では、「普通科」、「理数科」、「国際化」みたいな分け方で大学受験や就職に合わせた形で受けていますが、イギリスの場合、選択肢がグローバルというか、最初はちんぷんかんぷんでした。

　ところで、「学校」という存在は、日本とイギリスではどのように違っていますか？

イギリスの大学は国立のみ !?

奥野　小学校が５歳からはじまり、給食はカフェテリア（食堂）で食べ、休み時間の過ごし方などもかなり違います。私がイギリスの学校で好きなところは、政府が厳しくクラスの定員を決めているところです。公立では最大30人となっています。それ以上になれば、校区内でも入学を断られるくらい厳しく守られているところが素晴らしいですね。

　また、年に何度か、教師が研修する際には学校が休校となり、教職員もきちんと研修が

奥野ファミリー

受けられるようになっています。

　さらに、夏休みなどには完全に学校が閉鎖となり、生徒だけでなく教師も登校することはありません。子どもたちは、夏休みに海外までキャンプに行ったりなど、学校ではできない体験をしています。もちろん、部活に対する考え方も違います。イギリスの大学は国立しかないため、日本のようにスポーツ推薦などがないため、大学への進学に対する考え方もかなり違っています。

　参考までに述べると、高校までは私立もありますが、日本と違って少人数制で、学費はとんでもなく高いです。

有澤　夏休みに学校は完全閉鎖、教師にとってはとても大切なことですね。自分のスキルアップや家族との時間、何よりも自由時間がしっかり取れるということは自己研鑽において重要で、そこで生まれたパワーが休み明けの生徒に対する愛情になると思います。

　そういえば、息子がイギリスにいたころ、冬休みの間はほかの学校の教師の家にホームステイして、英語を学びながら勉強を教えてもらうという生活をしていました。これは教師の副業となっていて、自宅の部屋が空いている教師に多いケースであると聞いたことがあります。お互いにとってハッピーな仕組みですね。

---

(7)　GCSE（General Certificate of Secondary Education）は、イングランド、ウェールズ、北アイルランドで運用されている学位認定制度で、A レベルは、大学教育を受ける前の16～18歳（高校生）を対象とした2年間のプログラムとなります。

　　学校のあり方が日本とは大きく異なっていることは分かりましたが、教師を含む大人の生き方はどのような状況となっていますか？

奥野　前述したように QOL を大事にしている社会なので、部活動に当たるようなものも地域で行っており、保護者を含めてボランティアで運営しているところが多いです。夕方から行われるサッカーの練習に、親がコーチで、子どもが参加するというようなイメージです。

　　みなさん、社会のために、できることを無理せずに分担しているように思えます。もちろん、大人の活動（趣味）も、きっちりと組織をつくって運営されています。

有澤　日本の子どもたちが行っているスポーツ（クラブチーム）では、保護者の強制参加がよく見られます。そのため、それが不可能な家庭の子どもたちは、「スポーツチームに入れない」とか「入れたくない」といった話をよく耳にします。「自分の子どもだけでなく、社会全体のためにサポート」とか「無理をせずに分担」という姿勢は見習いたい文化です。

　　最後になりますが、日本で子育て中のみなさんに対する意見やアドバイスをお願いいたします。

奥野　世界中を探しても、理想とされる教育はありません。教育は、その国の理念や政治に左右されますから、どのような選択肢があり、どのようなことを望んでいるのかと、まずは自分で考えて行動すれば、オンラインなどを通じて世界中とつながれると思います。現状を理解し、そのうえで

視野を広げられる機会があればいいなと願っています。私
も、そのような活動をしていきたいと考えています。

有澤　「世界中を探しても理想とされる教育はない」、そのとお
りですね。日本でも、いろいろな学校やオルタナティブス
クール、フリースクール、インターナショナルスクールが
どんどんできています。もし、それらのなかに「ベスト」
というものがあれば、同じものをつくればいいだけです。
そうでないから学校の乱立となっているのでしょう。まさ
に、おっしゃるとおりです。

　大人も子どもも「視野を広げる機会」に自然と近づける、
そんな国に日本がなっていけたらいいなと思いました。ど
うもありがとうございました。

▶ ピーダーセン海老原さやかさん──デンマーク

　次は、私の会社名ともなっているデンマークに住む海老原さ
ん。前述したように、私はデンマークのフォルケホイスコーレ
（International Peaple's College：IPC）に、2019年7月から12
月の約半年間留学していた。「先生ですか？」とよく言われた
が、もちろん学生である。同じような学校を日本にもつくりた
くて入学し、学生として、時には教師のみなさんと時間を共有
させていただき、経営側についても勉強してきた。

　ちなみに、デンマークもカナダと同じく、公務員である教師
の副業が認められている。

　海老原さんにお会いしたのは、留学していた後半の時期とな

る。IPC のデンマーク人シェフが、「私の妻は日本人だよ、会ってみる？」と声をかけてくれて、日本人学生10人ほどでご自宅まで遊びに行ったことがきっかけとなり、帰国後も、さまざまな機会においてご一緒させていただいている。

フォルケホイスコーレとエフタースコーレ[8]

有澤 自宅にご招待いただいたとき、全員が自転車で行ったのですが、途中に大きな農場があって、馬や牛などがいて、本当に驚いてしまいました。ヘルシンガー市の郊外に行った途端、緑豊かな牧歌的な環境になっていました。あのころが懐かしいです。最近はすっかり日本に籠っているので、久しぶりにそちらに行きたくなりました。

　　　早速ですが、簡単な自己紹介をお願いします。

海老原 家族は、デンマーク人の夫ミケル、16歳（10年生）の長男、12歳（6年生）の次男、そして犬のフジという家族構成です。長男はこの1年、エフタースコーレという全寮制の学校で学んでいます。サッカーを専攻しており、大好きなサッカー三昧の毎日です。

有澤 なんと羨ましい話。好きなことが堂々とできるうえに、親元を離れて独り暮らしとは……。日本でもフォルケホイスコーレを知っている人が増え、最近では雑誌や新聞でも取り上げられるようになったのですが、エフタースコーレのほうは知らない人が多いと思います。エフタースコーレについて、簡単に説明していただけますか。

海老原 デンマークの義務教育は0年生から9年生までです。

卒業後は、高校や職業専門学校、10年生への進学を選ぶようになっています。10年生では、通学制の学校と全寮制のエフタースコーレがあります。9年生を卒業したあと、約50パーセントの生徒が10年生への進学を選んでいますが、そのうち75パーセントが通学制を選び、25パーセントがエフター

ピーダーセン海老原ファミリー

スコーレに進んでいます。現在、国内には240のエフタースコーレがありますが、スポーツ、音楽、アートといった特色をそれぞれがもっています。

　私自身フォルケホイスコーレに留学していますし、夫は現在もそこで働き、家族でフォルケホイスコーレに住んでいた時期もあるくらい、我が家とフォルケホイスコーレの縁は深いです。息子たちにも経験してほしいと思っていますが、フォルケホイスコーレは大人が行く学校なので、私たちが強制することはできません。

　長男には、小さいころからエフタースコーレのことを話し、エフタースコーレを選ぶという雰囲気をつくってきま

---

(8)　エフタースコーレについては、『改訂二版　生のための学校』（清水満編著、新評論、2024年）も参照してください。

した。毎日、大好きなサッカーをし、よい仲間に恵まれて
いるようで、エフタースコーレでの暮らしが楽しくて、「も
う1年行きたい！」と言っているほどです。多感な思春期
に好きなことに没頭し、親元を離れて寮で仲間と暮らす、
本当に豊かな時間を過ごしていると思います。

有澤　初めてエフタースコーレの話を聞いたときのことですが、
中学卒業と同時に、1年間の全寮制学校に行くか行かない
かをすべての国民が決めるという選択肢に驚きました。思
い切り自分の好きなことをしてみる1年間、日本の子ども
たちにもそんな経験をさせてあげたいです。

　　さて、海老原さんがデンマークで生活している背景と、
現在の状況をお聞かせいただけますか。

海老原　日本で大学を卒業したあと、東京にある養護学校（当
時）で英語教師をしていました。3年目のときに「デンマ
ーク視察」に参加したのがきっかけで、デンマークへの留
学を決意しました。養護学校には5年間勤めて退職し、成
人教育機関であるフォルケホイスコーレに2004年から1年
間留学し、その後はボランティアとしてその学校に残りま
した。留学先のシェフであった夫と出会って結婚し、現在、
デンマーク在住20年となります。

　　結婚したとき、日本、デンマーク、オーストラリアを生
活拠点の選択肢として挙げました。いずれ子どもが生まれ
たら、どちらかの両親のそばで子育てをしたいと2人で考
え、とくに私がデンマークでの子育てを望んだため、デン
マークに住むことを決めました。

　今は、公立の特別支援学校の教師兼管理職をしています。日本の教員資格だけではデンマークの教師として働けませんので、約10年前にコペンハーゲンの教員養成学校に通って美術教師の資格を取得しました。

　私の職場には、重度重複心身障がい、自閉スペクトラム症、知的発達障がい、そのほかさまざまな診断名がついている子どもたちが約70人在籍しています。現在は、知的発達障がいのある子どもたちのクラスで、算数と美術を受け持っています。そして、新米の管理職もしています。来年度からは授業をもたず、フルタイムで管理職を務める予定となっています。

　日本とのかかわりでいえば、新型コロナ禍がきっかけとなり、日本向けにオンラインの講演会や企業研修をはじめています。デンマークの学校教育、特別支援教育、デモクラシーについて話しているほか、日本の学校をさらによくするための「日本の学校の先生応援プロジェクト」もはじめました。

大人と子どもの関係、教師の働き方

有澤　学校の教師は、激動する社会や世界の動きを捉えることがとても大切になっています。それだけに、海老原さんの活動が重要になるのでしょう。ところで、教師の視点も含めてですが、デンマークと日本の教育を比較して、どのようなことを感じていらっしゃいますか？

海老原　そうですね、「子どもと大人が対等な関係であること」、

「子どもの意見も大切に聞き入れられていること」、「学びの選択肢が多く、いつでもやり直しができるシステムと文化があること」、そして「デモクラシーが浸透した国であること」が挙げられます。

有澤　子どもと大人が対等な関係、というのはとても重要ですね。日本にかぎらずアジアでは、「年長者の言うことを聞きなさい」という文化がありますから、現在のように世界が狭くなったことで、いろいろな点でおかしくなっているようにも感じられます。

海老原　両国間の教育には違いがたくさんあります。私は日本でも教師として働いていたので、教師の働き方も大きな関心事となっています。

　勤務時間や業務内容などに大きな違いがあります。たとえば、デンマークでは出退勤に関する管理はなく、授業の準備は家でやってよいことになっています。授業終了後、すぐに帰宅して家で準備する人もいれば、準備室で行っている人もいます。教師の権利が守られており、一人ひとりの裁量権が大きいということが特徴となっています。

　子どもに関していえば、成績評価が大きな違いでしょう。8年生（中学2年生）になるまで、基本的に成績はつけられません。デンマーク語や算数の習熟度を知るためのテストはありますが、それは子どもの現在地点を知り、教師が授業に役立てるためのバロメーターとなっています。

　本格的な成績は8年生で初めてつきます。その成績も、**「あなたのほんの一部を表すただの数字」**といったスタン

スです。一人ひとりの子どものなかから湧いてくモチベーションを大切にしており、テストや受験のような外的要因のために学ぶという考え方がないからです。「学び」に対する捉え方の違いだと思いますね。

有澤　小中学校では成績をつけないわけですね。想像できません。定期テストがなく、それぞれの「得意」と「苦手」を測る程度のテストがあるだけというのが一般的というデンマークの教育環境、本当に驚きました。

　　最後になりますが、日本の学校、保護者、教育者に伝えたいことがあれば、ぜひお願いします。

海老原　デンマークと日本を比較して願うのは以下の三つです。

❶子どもの自由な時間を大切にしてほしい。

❷子どもの声に耳を傾けてほしい。

❸子どもの選択を尊重してほしい。

　　日本に帰国して、平日の夜遅くまで、週末は朝早くから塾通いをする子どもたちの姿を見るたびに心が痛みます。デンマーク育ちの息子たちに日本の塾のことを何度か話しましたが、「自由時間や週末にまでなんで勉強？」と、理解に苦しんでいました。

「将来のため」かもしれませんが、「今しかない」貴重な子ども時代を「子どもらしく過ごさせてあげて」と、心から願っています。

「遊ぶ」ことは「学ぶ」ことなのです！　自分で考え、決断し、自分の人生を考えられる子どもに育つよう、子ども

174

の声を聞き、子どもの選択を尊重する大人たちであってほしいとも願っています。子どもの自尊心を育てるためにも、大人がどのように子どもにかかわるべきなのか、と考える必要があるように思います。

有澤　ありがとうございます。私も息子には、小学校の３年生から塾通いを強制していました。しかし、塾では身が入らず、ボーッとしているうえに円形脱毛症が出たので塾通いを断念しましたが、今思うと、「周りのみんながそうしているから、それが正しい」と思い込んでいただけでした。本当に、困った親だったと反省しています。

　今になってようやく、海老原さんが挙げた三つのことが理解できるようになりました。ありがとうございました。

矢島美紀さん──アメリカ・ハワイ州

　次は、日本人の観光客が多いハワイに住んでいる日本人ママに対して行ったインタビューを紹介しよう。最初は私の友人にインタビューをするつもりでいたが、メインランド（アメリカ本土）に引っ越しをしていたため、急遽、「GLI（GLOBAL LEARNER'S INSTITUTE）[9]」の鏑木稔氏に紹介してもらい、矢島美紀さんから話をうかがうことになった。

　当然、私も初対面となるので、失礼のないように気を付ける必要がある。そのため、少し堅苦しい質問になっているかもしれないが、ご容赦いただきたい。

日本とアメリカの高校生、大学受験の違い

有澤　矢島さん、よろしくお願いいたします。

矢島　よろしくお願いいたします。私の経験が少しでもみなさんのお役に立てればと思っています。ちなみにですが、ハワイだけでなく、いくつかの国での生活を経験しています。

有澤　ありがとうございます。早速ですが、簡単な自己紹介をお願いいたします。

矢島　我が家は、日本人の夫と日本生まれの長男（18歳）とアメリカ生まれの次男（15歳）の4人家族です。長男は現在アメリカの大学1年生で、メインランドの大学で寮生活を送っています。次男はアメリカの高校生で、グレイド10（高校1年生）になります。

　　アメリカは、州によって学齢や学校の名称が異なったり、高校の授業（単位）修了が大学の単位に置き換えられたりと、日本とは状況がかなり違っています。

有澤　高校の単位が大学でも認められるというのはIBで聞いたことがあります。それが当たり前になっているというのは驚きです。ところで、いくつかの国での生活経験があるということですが、これまでどちらで過ごされてきたのですか？

矢島　サンフランシスコ、日本、イギリス、そして現在はハワ

---

(9)　GLIとは、本格4技能英語力を中心としたグローバルスキルの獲得と、そのスキルを世界で実践する体験学習、国内外のグローバル受験をパーソナルにコーディネートする英会話スクールのことで、現在、「晴海校」、「広尾校」、「武蔵小杉校」がある。運営しているのは、株式会社ジプロス。住所〒106-0047　東京都港区南麻布5－10－37　Esq広尾5F

イで生活をしています。初めてとなるサンフランシスコでの生活はすべてが新鮮で、子育ての環境もよく、同世代の子どもをもつ友人と行った毎週のプレイデートがとても楽しかったです。日本とアメリカとで出産を経験して思ったことは、日本における産後の手厚さです。

　出産後の1週間は、母子ともに健康であっても入院している日本と違って、アメリカでは無痛分娩が推奨されており、健康に出産した場合は産後48時間で退院となります。文化の違いを感じますよね。2人目の出産だったので産後も楽で、自宅に帰ったあと、すぐに夫の会社の方からいただいたお祝いの返礼品を買うために自分で運転して出掛けたことを思い出します。そのぐらい、無痛分娩による母体の回復力はすごいと思いました。

有澤　教育だけでなくて、生きる環境そのものが違うのですね。もちろん、すべてに関係してきますよね。

矢島　アメリカでの駐在生活は5年で終了し、日本に帰国することになりました。帰国後、長男は日本の幼稚園に通いながら、毎週土曜日にはインターナショナルスクールに通って、英語という環境から離れないようにしました。

　幼少期、長男の小学校を決めるとき、日本の小学校に入学させるか、インターナショナルスクールに行くかと、とても悩みました。当時は、今よりもインターナショナルスクールが日本では浸透しておらず、「日本の義務教育を選択しなくても大丈夫？」と周りの人から心配されました。しかし、夫の仕事の関係でまた海外に住む可能性があった

我が家は、これまで培った英語でのコミュニケーション能力が失われることをとても心配していました。

　その後、長男がグレイド6（中学1年）、次男がグレイド3（小学3年）のとき、夫の仕事の関係でロンドンに駐在しました。同じ英語圏ですが、アメリカとは異なるイギリススタイルの教育です。ヨーロッパの文化や歴史を肌で感じることができて、貴重な経験をしたと思っています。

　そして、ロンドンから再び日本への帰任が決まったとき、子どもたちを今後もグローバルな教育で、英語圏で育てたいという思いが込み上げ、夫の仕事のご縁もあってハワイに引っ越すことになりました。

有澤　グローバルな環境を、子どもたちのために選んだわけですね。私もそんな経験をしたかったと思ってしまいますが、ご自身の経験からその環境が選べたというお話、もう少し聞かせてください。

矢島　違った経験の話となると、アメリカにおける息子の大学受験かと思います。私たちはアメリカで、大学側がどのような人材を望んでいるのかについて学ぶことができました。アメリカでは、高校の成

矢島ファミリー

績やSAT（全米共通テスト）の結果だけでは合否が決まりません。エッセイ、リーダーシップ能力、スポーツや音楽の課外活動、コミュニティーサービス（ボランティア活動、ティーチャーアシスタント［生徒が生徒に勉強を教える］、募金活動）などを見ています。**大学側は、高校生活において、いかなるチャレンジをして、成長してきたのかを見ている**、と私は思っています。

　長男は高校の４年間、スポーツでは学校の「代表テニスチーム」に所属し、全米の大会で優勝をし、マーチングバンドにも所属（アルトサックスのセクションリーダーを兼務）したほか、ボーイスカウト、イヤーブック製作委員会（毎年作成されるアルバム）、ティーチャーアシスタントなど、たくさんの課外活動に参加していました。

有澤　日本では「部活動一色」という時代が長く続いているわけですが、アメリカの高校生はそんなことをしているんですね。もちろん、日本人でもさまざまなことをやっている生徒はいますが、何かに集中している場合が多く、分散的に、並行していろいろなことをしている高校生はあまりいません。こうも違うのか、と思ってしまいました。

矢島　現在、夫はアメリカ本土にある企業でビジネスをし、ハワイとメインランドを行き来しています。長男はロサンゼルスの大学に通っており、私と高校生の次男はハワイにいるので、我が家は３拠点での生活となります。それぞれが選択肢を広げて、自らの意志で生きていられるのは、これまでの背景があったからだと思います。

これからの時代が求める多様な視点と価値観

有澤　子どもたちを海外で教育を受けさせたいと思った「決め手」のようなものはありますか？

矢島　初めて海外生活となったサンフランシスコで、英語の重要さと、物事をあらゆる角度から見ることの大切さを体感しました。要するに、考え方は一つではなく、多様性を許容することの重要さ、個性が重要であることを身に染みて感じ、子どもたちには、生で感じたネイティブの表現力やグローバルな思考がもてる環境で育てたいと思いました。また、何よりも、子どもたちの将来における選択肢を増やしてあげたいと思ったわけです。

　アメリカの大人や社会環境は、子どもを一人の人格者として尊重していますし、本人の興味や意志を大切に考えるという意識が高いように感じます。興味がもてないものや嫌なことを、大人が強制的にやらせるのでなく、子どもが興味をもつまで待つ、もしくは興味がもてるように情報を提供するなど、大人と子どもの対等な関係を大切にしているように思えます。

　さらに、子どもの能力を最大限伸ばせるように家族が一丸となってサポートしているほか、社会貢献としてボランティア活動などにも熱心に参加しています。

有澤　私の海外生活はデンマークの半年が最長で、生活したとは言えません。矢島さんのように、数年にわたって現地の人たちと一緒に生活したかったとつくづく思いました。もっとも、私に務まったかどうかは分かりませんが……。

　　今、矢島さんはどのようなお仕事をされているのです
か？

矢島　現在、歯科医院に勤務をしながら、これまで見てきた海
　　外の学校教育や海外生活という経験から、アメリカへの教
　　育移住を検討している人を対象とした「相談窓口」を運営
　　しています。それ以外にも、現地のスクールツアーなどを
　　開催しています。
　　　今後、教育アドバイザーとして、グローバル教育を考え
　　ているご家庭へのサポートをもっと幅広くできるように準
　　備していきたいと思っています。

有澤　まさに、これから、なんですね。心強いです。きっと、
　　日本人の教育にかかわろうと思われた理由があると思うの
　　ですが、どのような背景があったのでしょうか？

矢島　教育は、子どもへの、家族への投資だと思っています。
　　日本国内にもたくさんの優良校が存在していますが、アメ
　　リカはそれ以上のスピードで、教育の質、最新テクノロジ
　　ーや専門性を教育に取り入れているように感じます。また、
　　グローバル教育では、語学力の向上だけではなく、これか
　　らの時代に求められる多様な視点や価値観を、身をもって
　　体験し、そのなかで自立心を養うことが求められています。
　　　このような現状をふまえると、日本の子どもたちも自由
　　に異文化交流ができるようになり、世界で活躍し、生き抜
　　いていけるようになることをやはり望んでしまいます。さ
　　らに、夏休みや冬休みなどを利用した短期留学などを経験
　　するという形で人生の選択肢を広げてあげたい、とも思っ

ています。それこそが、親が子どもに与えられる教育方法の一つかもしれません。

　なお、アメリカへの留学を検討されている人には、家族移住をする場合でも、外国に滞在するビザの取得が重要な要素となります。学校の調査と同じく、留学や移住に必要なビザ、それを取得する要件を事前に調べておくことをおすすめします。

　ハワイは、大自然の魅力を感じながら、安心して親子留学ができるところです。中学生や高校生には、ホームステイやボーディングスクールが完備された学校もあります。とりあえずは、体験してみるのもいいかと思います。

　日本がよりグローバル社会で、世界に貢献し、活躍する人材育成ができるような環境を、ぜひ有澤さんと協力してつくっていけることを望んでいます。日本語と英語というバイリンガルコミュニケーション能力があれば、日本人のおもてなしの心とともに必ず役立つと思っています。

有澤　ありがとうございます。こちらこそ、よろしくお願いいたします。私たち大人にできることは、これまでの経験の有効活用しかないでしょう。そのような経験におけるスキルとコンテンツを引き出して、多くの人をサポートする必要があります。

　思い込みの強い大人（親や教師）の背中をほんの少し押せば、子どもたちに対して、世界への扉を開けることになるでしょう。これからも、ハワイとアメリカ本土からの情報を日本に届けてください。楽しみにしています。

宮内早欧里さん──マレーシア
（みやうちさおり）

　マレーシアに住んでいる宮内さんとは、「オンライン哲学対話」の仲間である。２か月に１回、私もこの対話会に参加している。2023年２月、マレーシアに出張に行った際、宮内さんと娘さんとともに食事をしたが、常夏のマレーシア、いつ行ってもビールがうまい！

　一方、話をした2024年３月３日の日本は寒く、朝の散歩では、霜を踏む音がミシミシという音を立てていた。早くフリースジャケットを脱ぎ捨て、半袖のＴシャツで外を歩きたい、と思ってしまった。

　なお、ここまでに紹介してきた方々は教育関係者であったが、宮内さんは製薬・医療機器開発関係の仕事をされている。

ダイバースな環境を求めて移住

有澤　早欧里さん、よろしくお願いいたします。

宮内　よろしくお願いいたします。初めて会ったときから、はや１年が経過しました。本当に月日が経つのはあっという間です。長女もイギリス式インターナショナルスクールの「Year11」を卒業し、現在は大学のファウンデーションコース[10]に行っています。来年は大学生です。

有澤　早速、驚いています。お嬢さんは現在16歳ですよね？日本では高校１年生の年齢だと思いますが、中学を卒業して来年にはもう大学生になるのですか。日本ではあり得な

いことをサラリと言われました。まずは、簡単に自己紹介と、マレーシアに移住された経緯をお話しください。

宮内　現在、マレーシアで16歳と15歳になる2人の娘とともに生活しています。2019年に、日本からマレーシアに移住しました。子どもには、多様な社会を経験してほしかったこと、英語をツールとして使えるようになってほしかったこと、そして、私自身も帰国子女なのですが、日本以外の国で久しぶりに暮らしてみたかったというのが理由です。

　長女が小3、次女は小2まで日本の公立学校に通っていましたが、その後、2人とも日本のインターナショナルスクールに2年間通い、長女が小5、次女が小4のときにマレーシアに移住しています。

　私自身がアメリカにいたときとは異なり、テクノロジーの発展によって、マレーシアにいながら日本のコンテンツには簡単にアクセスできますし、日本の友人との交友関係が続けられたことも、子どもたちがスムーズに移住できた理由の一つだと思っています。

　我が家では、日本のインターナショナルスクールよりも、よりダイバースな環境を求めて移住に踏み切りました。私が子どものころのアメリカでは、英語を母国語としている人と友達になるのにとても苦労しましたが、マレーシアのインターナショナルスクールには、英語を第2言語としているさまざまな国の子どもがたくさんいるので、友人がつ

⑽　大学やカレッジで開講されている約1年間のコースで、大学の授業レベルについていける英語力や学習スキルを身につけるコースとなっている。

184

くりやすいと思ったわけです。もちろん、英語を母国語と
している子どももたくさんいます。

　私は日本企業や日本にいる人と仕事をしているため、時
差が1時間というのは、仕事を続けるうえにおいても都合
がよかったですね。それに、クアラルンプールではほぼ英
語が通じますし、日本の食材も手に入るので、生活を大き
く変えることなく移住できると思いました。

有澤　宮内さんの職業だから、マレーシアへの移住ができたわ
けですね。日本からの直行便があり、アジアのハブ空港で
あるマレーシアは魅力的ですね。ところで、日本とマレー
シアの学校を比較すると、どのような違いがありますか?

宮内　マレーシアはマレー系が6割、中華系が2割、そしてイ
ンド系が1割未満という多民族国家で、それぞれの公立校
が存在しています。外国人がその公立校に通うことも可能
です。インターナショナルスクールもたくさんあり、アメ
リカ、イギリス、オーストラリア、カナダ系などもあれば、
IBなどの学びの種類が複数あります。

　授業料に関しても、高額から手軽なところまであるので、家庭の事情で選べるというのが大きな特徴となっています。

宮内ファミリー

　授業料の差は、ネイ

ティブの教師数や学校の広さ・設備に反映されてきますが、授業料が高ければよいということではなく、手頃な授業料の学校にいる教師のほうが熱心なこともあります。

　また、高校の場合は1年か2年で卒業したり、大学も3年か4年で卒業とさまざまで、それぞれにメリットとデメリットがあります。人生における優先順位、たとえば早く働きたい、有名大学を受験する選択肢を残したいなどについては、早い段階で考えて計画を練る必要があります。そのほか、ホームスクーリング対応の学校もたくさんありますが、とにかく学校の選択肢が多いことに驚きました。

　それが理由か、頻繁に転校する家庭も多いです。たとえば、中華系の家庭では、小さいころは中国語も学ばせたいので中華系の公立校に行かせ、小学校の高学年になるとインターナショナルスクールに転校するといったことがよくあります。また、子どもの理解度に合わせているため、同じ学年であっても年齢が違う生徒が混在していることも珍しくありません。さらに言えば、大学への入学前や在学中にギャップイヤー（154ページ参照）を取る子どももたくさんいます。

有澤　日本では同じ学年の友達がずっと同級生となり、その枠から外れづらいという印象があるだけにかなり違いますね。

宮内　私の子どもたちはイギリス系のインターナショナルスクールに通っていますが、日本では公立校に在籍していた経験がありますので、その二つで私が感じた「違い」をお話しします。

　まず、**インターナショナルスクールでは、試験結果だけでなく EQ**[(11)]**スキルも問われます。**ディスカッション、プレゼンテーション、グループワークの作業にあてる時間が多く、他者と協力できているか、リーダーシップがあるかといったことも評価対象となります。また、学期ごとにスポーツが選べます。たとえば、1学期はバレーボール、2学期はサッカー、3学期はバスケットボールといった感じです。

　体育はかなり緩くて、基礎体力づくりは日本の公立校のほうが重視していると感じますし、日本の部活のほうが、体力・技術の向上に取り組んでいるという印象です。

　食事は、日本の学校給食のほうが栄養バランスが考えられていると思います。インターナショナルスクールの給食は、フライドポテトなどの揚げ物が多く、残すのが当たり前で、食事の時間が終わるころには、近くにあるゴミ箱が山盛りになっています。

　教科に関しては、算数の場合、日本の公立校では反復練習が多いので計算力がつくと思います。宿題の量は、基本的にインターナショナルスクールのほうが圧倒的に少ないですね。宿題を提出しても、教師が丸を付けないこともありました。教師の仕事として、その教科の説明はするものの、教えたことを本当に理解しているのかどうかは本人次第となっており、家庭にかかっているような感じです。

　インターナショナルスクールでは、生活面も含めた子どもの成長に関する責任は親にあるというのが明確です。良

くも悪くも、教師は仕事として「先生業」をしていて、ドライな感じがします。

「一番の失敗はチャレンジしないこと」

有澤　私の息子がイギリスにいたとき、ポテトしかないランチの写真を送ってきました。なんだか懐かしいです。そんなマレーシアを子どもたちの学びの場として見たとき、宮内さんはどのような感想をもちましたか？

宮内　マレーシアは他民族国家ですから、同じ国に住んでいるからといって、人種の壁がないわけではありません。うまく距離をとって、大きな争いにならないように保っているような感じです。

　ごく自然に歴史や戦争について子ども同士で話す機会があり、異なる意見・背景をもっている相手に対して、どのように対応し、付き合うのかを一緒に考えるよい機会となっています。

　（次女が登場！）

次女　マレーシアでは、ステレオタイプの大切さと危なさが学べます。相手の人種や宗教を知り、相手の価値観、置かれている状況や考え方を想像することは、相手に失礼なことをしないために大切です。ただ、ステレオタイプなことばかりをしていると個人的な関係を築きにくいので、相手の属性を念頭に置いたうえでその人と仲よくなるためには、

⑾　（Emotional Intelligence Quotient）心の知能指数。自己や他者の感情を知覚するほか、自らの感情をコントロールする知能を指す。

　一度ステレオタイプ的なことを脇に置いて、その人自身が
どのような価値観をもっているのかを尋ねたうえで自分自
身の価値観をオープンに伝える必要があります。

　また、子どものころから多様な価値観に触れていると、
「自分は人と違う、人は自分と違う」が当たり前になりま
すね。パーソナルスペースや境界線を相手のために尊重し、
自分のためにはっきり伝えることが大切だと思っています。

　さらに、自分の問題と相手の問題を切り分けることも大
切です。これができれば、大人になって社会に出たとき、
多様な価値観に出合っても戸惑うことが少ないと思います。

有澤　15歳にして、そのようなことを理解し、発言につなげら
れるとは……日本では体得できないスキルだと思います。
日本の子どもたちが劣っているというのではなく、経験に
よって得られるものが大きいと感じました。

　最後に、日本の方々、とくに保護者や学校関係者に伝え
たいことがあれば、ぜひお話しください。

宮内　私は「よい教育」というのは存在しないと思っています。
**大切なことは、その教育がその子どもにあっているのかど
うかではないでしょうか**。そのためにも、選択肢が多いこ
とが重要だと思います。

　子どもが選べる選択肢を親がまず学び、子どもに提示し
てあげられるとよいのではないかと思っています。

次女　私はインターナショナルスクールに通ったことで、小さ
いころからさまざまな価値観に触れられたと思っています。
だから、よい意味で人への期待が低くなりました。たとえ

ば、相手に伝えたことが50パーセント伝わったときには、半分しか伝わらなかったではなく、半分は伝わったのだからよかった、となります。また、人への期待が低くなると、自らにチャレンジ精神が生まれると思っています。新しい場所、新しいことで50パーセント位の成果を出せたときには、「割と上手にできた！」と思えます。

　チャレンジして、成功しても失敗してもよいというのは、インターナショナルスクールで学んだことです。**一番の失敗はチャレンジしないことで、チャレンジさえしたら、結果が成功でも失敗でも自分の経験につながり、その経験は自分の自信につながりますから。**

　マレーシアに住むという経験をしたことで、人生は一本道ではなく、何が起こるか分からないということを、身をもって学びました。この国に住んでいると、取り巻く環境が日々変化するし、周りの人から予想もつかない反応があったりもします。「Expect the unexpected!!（何が起こるか分からない）」という言葉がしっくりきています。

宮内　今の子どもは100歳まで生きるというのが当たり前の社会に生きていますから、戦争や天災、周囲との軋轢などといった理由で、一時的であったとして、日本以外の国で暮らしたいと思うことがあるかもしれません。日本以外の国で暮らすという経験を一度でもしておけば、必要に迫られて日本を出るときのハードルが低くなると思いますし、「逃げ場がある」、「選択肢がある」ということが心の余裕につながると思います。

190

有澤　なんか、ウルウルしてきました。ありがとうございました。また、宮内さんと中華料理を食べたいので、まだまだマレーシアにいてくださいね。

▶ 草埜圭紀さん──シンガポール
（くさ の たま き）

　シンガポールの日本人ママの代表は草埜圭紀さん。圭紀さんには、私が主宰するイベントにスピーカーとして登壇していただいたことがあるほか、一緒にシンガポールツアーをつくったり、シンガポールにあるインターナショナルスクールの日本誘致に励んだりと、これまでさまざまな面でご一緒させていただいてきた。ミーティングをしたときなどは、雑談がほとんどとなり、本題の時間がなくなってしまうというような間柄である。

子どもたちの選択肢を増やしていく

有澤　本日はよろしくお願いいたします。早速ですが、家族構成と、現在どのようなことをされているのかなど、自己紹介をお願いします。

草埜　日本人の夫、長女（17歳）、次女（15歳）と私の４人家族ですが、長女は現在、世界を転々とするアメリカの高校（Think Global School・127ページ参照）の生徒で、自宅にはあまりいなくて、世界各国に２か月行っては１か月自宅に戻ってくる、という感じです。

　シンガポールに移住した当初は子どもたちが４歳と２歳だったので、私自身は何もできなかったのですが、子ども

たちが現地の小学校へ進学して3～4年が経って落ち着い
てきたころに、「現地校の話を聞かせてほしい」というお
誘いを日本人ママたちからいただくようになったほか、知
り合いの教育コンサルタント業をされている方からイベン
トへの登壇を依頼されたことがきっかけとなり、シンガポ
ールへの留学をサポートするビジネスをスタートしました。

　私は、日本では公立・私立の全寮制学校を、アメリカで
も公立・私立のボーディングスクール（高校）、大学も州
立・私立など多くの学校に所属したという経験があります
が、その都度、英語ができなかった親に代わって自分で手
続きをしてきました。そんなことが、ここで役に立つとは
思ってもみませんでした。

　アメリカ時代では、学校が多く存在するボストンで、10
年間にさまざまなところからやって来る日本の生徒たちと
知り合いました。駐在で海外に長く暮らしている家庭の生
徒（日本人学校出身の子ども、インターナショナルスクー
ル出身の子どもなど）、単身で早くからスイスやイギリス
のボーディングスクールを体験してきた生徒、中高から単
身でアメリカにやって来た生徒、日本の高校や大学などの
短期留学で来ている生徒、大学で初めて海外に出てきた学
生、日本で暮らしたことがない日本人の学生、本当にさま
ざまなタイプの日本人と友達になりました。

　このような経験や感覚を生かした、楽しくできる仕事か
なぁと思って、現在はシンガポールで教育コンサルタント
として、現地に住む日本人家族で子育てや教育について迷

いをもっている人などを対象にして、海外教育に関する情報を提供したり、教育エージェント／コーディネーターとして、日本から移住される方にインターナショナルスクールの選び方や手続きのお手伝いをしています。

有澤　ご自身でもいろんな学校を経験したうえに、さまざまな「海外経歴」の日本人の友達がいるということが現在の仕事に結び付いているわけですね。良いことも悪いこともたくさん見えてくるし、ましてや本人から直接話が聞けるなんて、すごい経験をされているわけですね。草埜さんのおおらかさは、たくさんの生きた事例から成り立っていることがよく分かりました。

　　ところで、何がきっかけで海外に出たのですか？

草埜　実は、大好きなアメリカ人のアイドルグループと「お近づき」になりたく、彼らの出身地であるボストンを目指し、1993年、高校2年生の夏に初めて日本を出ました。中学生のときから単身でのアメリカ留学を希望していましたが、いきなりの、突拍子もない希望だったこともあって親に反対され、認めてくれたのが高校2年生の夏だったのです。

　　その後、10年間、アメリカで高校と大学を卒業し、OPT[12]を利用して、1年間就労体験をして日本に戻りました。

　　高校は、奈良県の全寮制の学校を含めて、毎年違う学校に通いましたし、大学も夏休みなどを利用して、さまざまな大学で単位を修得したので、高校と大学を合わせて合計10校ほど体験したことになります。

　アメリカ滞在10年目となる年に、のちに結婚することとなる夫とボストンで出会いましたが、ビザが切れてしまったこともあって、すぐに帰国しました。そしてまもなく、小学5年生のころからアメリカで育ち、当時はアメリカで働いていた夫が「日本で働いてみたい」ということで日本に帰国し、2005年に日本で結婚して、2007年と2009年に女の子を出産しました。

　長女が年中（4歳）のころ、東京で東日本大震災を経験し、翌年、家族でシンガポールに引っ越すことを決断しました。その理由としては、自然災害の怖さを思い知ったこと、東京での子育てに違和感を抱いたこと、そして子どもたちを英語で育てたいという思いが夫婦で一致したことが一番大きかったように思います。**子どもたちの選択肢を増やしていくことがとても大切である**、というところに行き着いたのだと、今になって思います。

有澤　アイドルグループを追いかけてアメリカに行ったけど、しっかりと学んで帰国したわけですね。それに、高校と大学を合わせて10校って、びっくりしました。そして、「子どもたちを英語で育てたい」ということですが、アメリカで暮らしていたご主人のことを考えると納得できます。

　では、シンガポールを選んだ理由と、結果としての感想についてお聞かせください。

⑿　（Optical Practical Training）アメリカにおける留学生向けの制度で、アメリカの大学・大学院などを卒業後、最長1年間であれば学生ビザで滞在し、専攻・関連分野で企業研修が受けられるという制度。

草彅　シンガポールは、下調べもせずに移住したため未知の世界でした。そのときは、正直に言うとシンガポールに魅力を感じていませんでしたが、現地教育が英語で、中国語も習得できるという情報を夫が仕入れてきたとき、「すごいお得感」があると思いました。

　　　私自身、高校からアメリカへ渡りましたが、今でも英語はマスターできていないという負い目を感じていますので、子どもたちが英語などを習得していく様子が見えることをうれしく思ったのです。

　　　あとは、現地校は無料だと、疑いもせずに移住したので、学費に魅力を感じていたことも理由となります。でも、実際は無料ではなく、永住権フォルダーや外国人は有料となっていました。

　　　当時から、私はあまり教育熱心ではなかったので、普通に、子どもたちが子どもらしくさまざまなものを見たり、経験しながら過ごせればよいと考えていた程度です。なので、「言語の習得」と「無料」というのが、十分すぎるほど魅力的でした。

有澤　子どもたちは、英語、中国語、日本語が使えるんですね。日本の公立学校では日本語のみだから、本当にお得感いっぱいですね。

真の多様性があることが「社会」

草彅　さらに、こんな特徴もあります。私が感じる好きな点と嫌いな点です。好きな点では、小学1年生から教科ごとに

教師が違うことや、真の多様性があることです。子どもの性格や行動を、ポジティブにもネガティブに捉える教師がいることを最初は不思議に思っていましたが、今となっては、「それが社会である」と分かりました。小さいときから多面的に評価を受けられるという環境は、個人的にとても好きです。

　また、シンガポールは、中華・マレー・インド系の人たちが混ざっているため、生活習慣、食習慣、肌の色、母国語、経済状態、そして宗教観や道徳感が違う人たちが公立学校に集まっています。断食中の生徒は、体育や運動クラブの活動を休んでも許されるなど、この国ならではの対応がなされています。

　さらに、性教育についても、保護者の許諾を得るためのフォームが配られています。宗教によっては、性教育を教わらなくてもよいという選択肢が認められているからです。これらは、さまざまな人種で成り立っている国だからこその対応です。

子どもが小さいころの草埜ファミリー

　一方、嫌いな点としては、アカデミックに対する関心が強いところです。これだけ多様な社会が整っているのに大学が少ないことや、小さな国が原因なのか、その先の不安から、アカデミックの結果に焦点を当てるエリート思考が根強く社会に残っており、学校にもそのような環境がもち込まれていると感じています。

　国家試験で出題されることのない問題や道徳的な活動には、子どもたちだけでなく、保護者も無駄と思った場合は真剣に取り組みません。日本の受験のように、学校外での学習が必須ではない国家試験制度になっているにもかかわらず、多くの子どもが小さいころから塾通いをしています。

　教育省は警鐘を鳴らし、あらゆる手段を使って子どもたちからストレスを取り除こうと教育システムやシラバスを変更しているようですが、加熱する親たちのサポートは日に日に増しているような気がします。これは世界中、いやアジアの富裕層を見渡すと、同じような現象かな、と感じています。

有澤　今、シンガポールに教育移住をする人が多いと聞きますが、実際の現場は想像以上に大変な気がしてなりません。それでは最後に、シンガポールへの移住を考えている日本人家族に対するメッセージをお願いします。

草埜　現地校の教育現場では子どもたちのストレスが問題視されていますが、外国人である私たちの目線に映るシンガポールでは、多種多様な人が混じり合って、いろいろな価値観をもって、生活している様子がうかがえます。さまざま

な言語が飛び交い、英語の訛りも人それぞれで、ほとんどの人が多言語を話せます。そのような環境もあって、他人を受け入れる器が広いように思います。子どもたちに対しても、寛容な人がとても多いです。

　日本のように時間どおりにバスが動くことはありませんが、みんながそれぞれのペースを尊重しながら生きている雰囲気が漂っているため、時間の流れや人との交流においてはストレスがなく、とても過ごしやすい環境であると感じています。

　先日、SNSで目にしたことで、とても共感したことがあります。親が子どもにしてあげられることで一番大切なことは、「親の世界観を継承すること」というものでした。

　シンガポールのような多種多様な環境のなかで、自分自身を信じて、周りに流されず、親がこれまでの人生で吸収してきた世の中の素晴らしいことや価値観を「子どもたちに継承していきましょう！」と、日本の学校・親・教育者に伝えたいです。

有澤　ありがとうございます。これからの子どもたちの世界はますます広くなり、ネットワークの有無や話せる言語の種類、さらにはシェア能力やサポート能力があるかによって成長面で大きく差がつくと感じています。ますます広がる世界観でいられるよう、私も動き回る必要があると感じました。どうもありがとうございました。

＊＊＊＊＊＊＊

　本書は「日本の子どもたちのために、国際化を頑張っている学校や施設」を紹介したものであるが、「日本と世界が違うこと」や「日本のアタリマエ・自分のアタリマエが他者には通用しないこと」などを伝えることも目的としている。世界の学校事情、生活の様子を日本人から聞くことで、分かりやすくその違いを知っていただけたのではないかと思っている。

　くどいようだが、「どちらが良い」ということではなく、国や地域、そして人によっても「違うことがアタリマエ」ということを私たちは理解する必要があるだろう。

　仕事柄、私はここで紹介した素敵な方々と知り合えるという幸運に恵まれたわけだが、一般的には、このような環境に身を置く機会は少ないと思う。それだけに、インタビューを受けてくださった方々の経験が読者のみなさんに役立つことを願っている。

　本書の最終章となる次章では、村田学さんにインタビューをした様子を紹介したい。それを読まれることで、さらにインターナショナルスクールに対する理解が深まることを期待している。

第10章

世界に飛び出す日本の子どもたちと親に贈るスペシャル対談

──次々と日本に上陸する世界の
インターナショナルスクール、公立の学校は
どうなるの？

「金髪の貴公子」村田学氏と「富士宮焼きそば
ヘアの著者」有澤和歌子

　国際教育評論家／国際教育ジャーナリスト、「インターナショナルスクールタイムズ」編集長、株式会社セブンシーズキャピタルホールディングスの代表取締役、という肩書きをもつ村田学さんに、「日本のインターナショナルスクールの未来、日本中にインターナショナルスクールは必要か」などについてお話をうかがってきたので、その様子を紙上で再現することにしよう。

　村田氏について詳しく紹介すると、国際教育評論家として、NHK やフジテレビの『ホンマでっか!?TV』などのバラエティー番組に出演されているほか、「日本経済新聞」や経済誌の「プレジデント」、「東洋経済」などといったメディアでも、インターナショナルスクールについてコメントをされたり、インタビュー記事が掲載されている。プリスクール（幼児を対象に英語教育を行う施設）の元経営者であり、都内における幼小中の教育課程にあるインターナショナルスクールの共同オーナーでもある。

　雑誌の編集長として取材をし、同時にスクール運営をされているため、子ども・保護者・教職員の立場だけでなく、学校運営をするオーナーという立場からのお話が期待できる。なお、職員として、国際バカロレアの「教員向け PYP（Primary Years Programme）」の研修も修了されている。

　この日、テーマとしたのは以下のようなことである。

・インターナショナルスクールは47都道府県に必要か？
・次々と日本に上陸する世界のインターナショナルスクール、公立の学校はどうなるのか？

・現在の日本におけるインターナショナルスクールの事情と
　課題

　2024年２月１日、上野にある小さな劇場で話をうかがった。
なぜ劇場かというと、共通の友人である中高校の英語教師が役
者をしており、２人でその応援に駆けつけたからである。

国際教育評論家って何ですか？

有澤　村田さん、今日はどうもありがとうございます。早速で
　　　すが、国際教育評論家になった背景を教えていただけます
　　　か？

村田　はい。最近、テレビや教育・経済新聞などからも声がか
　　　かるようになってびっくりしています。これまでの歴史を
　　　お話しすることになりますが、ちょっと長くなります。

　　　2012年当時、インターナショナルスクール専門の web
　　　メディア「インターナショナルスクールタイムズ」を創刊
　　　しました。もちろん、インターナショナルスクールの専門
　　　ライターはおらず、「国際バカロレア」や「WASC[(1)]」と
　　　いう専門用語を日本語で書いていたのは私だけでした。

　　　インターナショナルスクールの記事を書くと、自然と海
　　　外のインターナショナルスクールとの比較をしていくこと
　　　になります。と同時に、その国・地域の学びについて調べ

[(1)]（Western Association of School and Colleges）アメリカのカリフォルニア
州にある、幼児から12年生（高校３年）までの学校と大学を承認する教育
組織です。

る機会が増えていきました。

　そんななか、ある番組から「○○評論家」として出演し
てほしいという連絡があり、国際教育評論家として登壇す
ることになりました。その後、ジャーナリストの方から、
プリスクールやインターナショナルスクールを経営してい
た経験とともに実際に取材して記事を書いているため、
「評論家というよりもジャーナリストではないか」という
ご指摘をいただき、現在は「国際教育ジャーナリスト」と
も名乗っています。

　インターネットで調べたところ、「国際教育評論家」を名乗
る人は日本にはおらず、日本の教育業界が「内向き」な構造で
あることが確認できる。

有澤　村田さんに初めてお会いしたのは、私の息子が高校１年
　　　生のときで、「未来の先生展」（現在は「未来の先生フォー
　　　ラム」）の会場となります。６年前でしょうか、一緒に「国
　　　際バカロレアとは」というテーマで登壇させていただいた
　　　ときです。考えてみれば、長きにわたってご一緒させてい
　　　ただいています。本当にありがとうございます。

　　　さて現在、日本にはインターナショナルスクールがどん
　　　どんできていますが、都会が中心で、地方にはあまり見ら
　　　れませんが、少子化が騒がれている日本において、なぜイ
　　　ンターナショナルスクールが増えているのでしょうか？

村田　インターナショナルスクールの歴史をひもとくと、「外

村田学氏

国人のための学校」がその端緒となります。明治維新後にインターナショナルスクールの原型ができたわけですが、キリスト教の布教と外交、そして海外貿易が生活・産業の中心となったため、都市部にインターナショナルスクールの原型が開校していったわけです。

　当時のキリスト教系の宣教師は、インターナショナルスクールだけではなく、カトリック、聖公会、プロテスタントを中心にして私立学校を創設していきました。聖心や清泉、双葉や聖光など、インターナショナルスクールではありませんが、国際教育を特徴とする私立学校が全国に数多くつくられていったわけです。とはいえ、地方に住む外国人は少ないため、日本人を対象とした私立学校として増えていきました。

　そして現在、平成・令和とインターナショナルスクールが増えました。国際結婚した家族の子どもや帰国生を対象としたスクールから、授業料が高くても、日本人の子どもを受け入れるインターナショナルスクールができたわけです。インターナショナルスクールの外国人生徒は、産業構造の変化とともに金融機関やIT関係の子女が主流となっています。

インド人向けのインターナショナルスクールも東京・大阪・筑波などに増えていますが、IT産業は都市型の産業構造であるため、自ずと都心部にインターナショナルスクールが増えたわけです。

しかし、2022年頃から熊本県や北海道に半導体工場を運営する外資系の会社が参入しはじめ、地域における国際教育インフラとしてインターナショナルスクールのニーズが発生していますので、地方でもインターナショナルスクールが「外国人のための教育インフラ」として増えていくと考えられます。

未来はさらにグローバル化が進展し、「英語力」と「探究力」が必要になる

有澤　日本の地方にもインターナショナルスクールが増えはじめている背景には、地方へのグローバル企業の工場誘致があるわけですね。働く人たちの家族、とくに子どもたちの学ぶところがないと外国の方々も安心して日本に来ることができませんから、おっしゃるとおりですね。日本でも、よい学校を求めて国内移住はもちろん、海外にまで親子留学する人が増えているわけですから、「仕事でほかの国に行くのなら、よい学校がないとオファーは受けない」となるのは納得です。

私自身も、息子をインターナショナルスクールに入れるために、カンボジアに行こうと思ったことがありました。仕事も理由でしたが、現地の学校に空きがなかったので断

念しました。しかし、その後新型コロナ禍となり、本当に行っていたらどのようなことになっていたのか想像もつきません。

著者

　ところで、最近は一般的な日本人の保護者も子どもたちをインターナショナルスクールに行かせたがっているようですが、その理由は何でしょうか？

村田　実際にインターナショナルスクールを経営して感じるのは、子どもが大きくなったときにはさらにグローバル化が進展し、産業構造の変化に対する必須スキルとして「英語力」と「探究力」を身につける必要があると保護者が考えていることです。

　英語力は、高校や大学生になってから海外留学などをすることで身につきますが、早い段階で**「英語での探究力」**を身につけたほうが、その後の人生に役立つと考えているわけです。

　近年は、「国際系」と呼ばれる私立中学校の受験が人気となっており、プリスクールからインターナショナルスクールの初等部へ進学し、その後、私立中学校に志願するというケースも増えています。保護者は、インターナショナルスクールの学費の高さと、学びの身につけ方をシビアにコストコントロールしながら判断していると感じます。

有澤　インターナショナルスクールの学費は本当に高いので、誰もが行ける学校ではありませんね。日本の企業で働いている人は、海外への転勤で現地のインターナショナルスクールに子どもを行かせる場合は企業が学費を負担してくれるからいいですが、帰国した途端に学費は保護者負担となり、日本のインターナショナルスクールには行かせられない、と嘆いている話をよく聞きます。しかし、これらは、グローバルな拠点をもっている製造業・サービス業に勤めている場合が多いですね。

　　日本の地方に住む人たちの動きはどうでしょうか？　首都圏や政令指定都市にインターナショナルスクールが集中しているわけですが、このような現状は日本にどのような影響を与えると思いますか？

村田　地方に住む人にとっては、都市部のインターナショナルスクールの増加は「遠くでの話」と感じられるでしょう。しかし、第一次産業である農林水産業の人も、販売先が海外になることやインバウンドの観光客が消費している現状は体感されていると思います。

　　日本初の英語イマージョン教育は、静岡県の沼津市にある「加藤学園[2]」が発祥です。沼津市といえば、典型的な地方都市です。しかし、英語で学ぶことが必要だと考えた教育者と地域の人々がいたため、日本初の英語イマージョン教育である「加藤学園」が生まれたわけです。英語イマージョン教育は、英語で学ぶことであり、インターナショナルスクールという概念とは異なりますが、学ぶ言語は同

じです。

　このような先例からも、外国人生徒がいなくても、国際教育に取り組むことは可能ですし、インターナショナルスクールという概念だけではなく、外国語とその学び方が必要であると考えて実行されている例が全国にはたくさんあります。

　インターナショナルスクールは外国人を中心とした教育機関ですが、日本人を中心としたインターナショナルな教育機関こそ、日本人が日本人のために生み出したオリジナリティーあふれる教育機関として世界に誇れると思っています。だから、インターナショナルスクールが増えることが、日本人の子どもたちにとって必ずしも「よい」とは言えないと考えています。

多様な生徒と学ぶと生まれる文化の「交流と摩擦」

有澤　なるほど。これまでどおりのインターナショナルスクールは、どちらかというと、本国に帰国することが前提となっていた外国の子どもたちのための学校でしたから、日本人向けとは言い難いですね。ましてや、日本にあるインターナショナルスクールは、「一条校」でないところもたくさんあります。日本人が日本人のために生み出したインターナショナルな教育機関を日本に展開するというのは大胆なアイディアですね。

───────────────

(2)　〒410-0022　静岡県沼津市大岡自由が丘 1979　TEL：055-921-0347（代）

　　もしも、日本の子どもたちが、地方も含めてインターナ
ショナルスクールで学べるようになったら、日本の子ども
たちはどのように変わると思いますか?

村田　そうですね、地方にインターナショナルスクールが増え
　るとしたら、多様な生徒と同時に学ぶ機会が増えるので、
　文化の「交流と摩擦」が生まれるでしょうね。そこから、
　新たな視点や発想が活発に生まれてくることになるでしょ
　う。そうなると、日本の子どもたちは、国境を気にするこ
　となくコミュニケーションを取りたい人と意見を交わすこ
　とになります。

　　先ほども申し上げたように、海外のカリキュラムを移植
　しただけでは地域の文化を咀嚼したインターナショナルス
　クールはできません。だから、インターナショナルスクー
　ルが増えることが地方にとってよいことだとは言えないと
　考えています。地域から求められる国際教育のあり方が、
　結果的にインターナショナルスクールになる場合もあれば、
　私立学校の「国際コース」になることもあると思います。

有澤　外国を真似て、無理にインターナショナルスクールを増
　やすよりは、日本の学校のなかに「国際コース」を増やし
　ていくというご意見、もっともだと思います。それについ
　て反対するつもりはありませんが、日本の高校や大学の
　「国際コース」においては「名前だけ」のようなものが、
　とくに地方では多いと聞いています。「国際」と付けても
　国際的にはなれないのは、「国際」とは何かという定義が
　あやふやだからでしょう。無理に日本の学校教育のカリキ

ュラムに収めているようでは、未来において必要となる国
際化について本当に学べるのだろうかと不安になります。

　そして、教える人たちの国際経験が重要になってくると
思います。それについては、教師という枠にとどまらず、
外部人材を登用しないと間に合わないと思います。要する
に、日本の教員養成のカリキュラムを「今風」に大改革す
る必要があるのではないか、ということです。

　話がずれました。次は外国のインターナショナルスクー
ルについてお尋ねしますが、現在、世界においてインター
ナショナルスクールは増えているのでしょうか？　増えて
いるとしたら、その理由は何でしょうか？

村田　世界中でインターナショナルスクールは増えています。
その背景には、新興国の教育ニーズが挙げられます。たと
えば、2000年以降、中国・香港やシンガポール、マレーシ
ア、タイでは、インターナショナルスクールがたくさんで
きました。2000年以降の新興国における経済成長はグロー
バル化と密接に関係しており、駐在員が増えると同時に富
裕層を中心とした新たな教育ニーズが高まりました。これ
らの国々では、インターナショナルスクールに通わせるこ
とがステータスとなり、増加したという背景があります。

　さらに、2010年以降は中東のドバイなどといった産油国
を中心にインターナショナルスクールが増え、2020年以降
は、イスラム教の戒律が厳しいサウジアラビアが開放政策
をとりはじめたため、中東におけるインターナショナルス
クールのメッカになろうとしています。

　英語で学ぶことは、19世紀の大英帝国時代からエリートの象徴であったため、２世紀という期間を経て、グローバル化とITによってコミュニケーションが増えた結果、改めて英語で学ぶことが世界標準としての「必須スキル」となったわけです。今後も、世界の共通語が英語であるかぎり、英語で探究的に学ぶインターナショナルスクールのニーズは増えていくと考えられます。

教育格差が経済格差を再生産するとは断言できない

有澤　私が若いころ（30年ほど前）、シンガポールは新興国でした。それが今では世界の「金融ハブ」ですから、タイ、マレーシア、インドネシアの人々がシンガポールのように成長したいと思うなら、英語を話して世界と渡り合える若者を増やしたいというのは当然でしょうね。

　私は横浜に住んでいますが、周りを見ても英語を話す日本人はとても少なく、海外駐在から戻ってきた人を時々お見かけする程度でしかありません。横浜市はとても広いので、我が家が田舎であることも事実です。教育に対して熱心な地域ではあるのですが、どちらかというと、従来型の大学受験を目指している地域なのかもしれません。

　次の質問ですが、日本に私立のインターナショナルスクールが増えると、経済格差に基づく教育格差がさらに広がると思うのですが、村田さんはどのようにお考えですか？

村田　インターナショナルスクールの授業料は高額であるため、現在では経済的に余裕のある家庭のお子さんが通ってい

す。その点から言えば、インターナショナルスクールにおいて英語で探究的に学ぶことは探究力の格差につながり、経済格差が教育格差を生んでいるとも考えられます。

しかし、一方では、教育格差が経済格差を再生産するとは断言できない、とも考えられます。インターナショナルスクールで学んだ生徒の生涯賃金が高くなる傾向にあるという仮説によるものですが、追跡調査において経済格差を生んでいるデータ（統計調査）はありません。

私は、前述した「加藤学園」のように、地方の私立学校がインターナショナルスクールより安い授業料で運営しているケースがもっと増えると考えています。優れた私立学校が国際教育に取り組むことが、地方独自の、国際教育に対するニーズを反映した教育機関になると考えています。

有澤　おっしゃるとおりですね。息子の高校を選ぶときには、「国際化」と「IB」を基本としている私立の学校を見ていました。当時は、インターナショナルスクールは、我が家とは関係のない世界だと思い込んでいました。

一般的な日本の学校とインターナショナルスクールを卒業した人たちの生涯賃金の比較ですか……ぜひ、拝見してみたいデータですね。過去においては、「お金のある家庭の人がインターナショナルスクールに行く」というのが一般的でしたが、今は無理をして行かせている家庭も増えています。今後のデータを見ないと、経済格差は測れないかもしれませんね。

次の質問、私がとくに気になっていることですが、全国

に公立のインターナショナルスクールができたら日本はどうなると思いますか？

村田　公立のインターナショナルスクールではないですが、「東京都立国際高校」や「東京都立立川国際中高、附属小学校」のように、国際教育に取り組む都道府県も増えてきています。2024年には、熊本大学教育学部附属小学校で「国際学級」が開校します。このような流れは、外国人生徒を対象とする、英語で探究的に学ぶインターナショナルスクールという軸とは異なりますが、地域における国際教育というニーズから誕生した国際教育と言えます。

　このような国際教育の取り組みが全国の公立学校において増えることは、地域の文化と国際性が融合した本当の国際教育に結び付くと考えられます。

有澤　地域の文化と国際性の融合は本当に理想となる教育で、子どもたちのためになると思います。しかし、私は、外国人も一緒に学べる公立のインターナショナルスクールが日本全国にできることを願って止みません。

　さて、現在は、前述したように都市部においてインターナショナルスクールの設立が目立っています。村田さんから、日本の、とくに地方の保護者に何か提言やアドバイスをお願いしたいです。

村田　先にも述べたように、インターナショナルスクールは、日本に駐在して英語で学べない孤立した外国人生徒が学ぶための学校として誕生しました。今でも、外国人から考えると都市部においてもインターナショナルスクールの選択

肢が少ないため、日本に駐在することを躊躇う外国人が少なくありません。しかし、日本人から見るとインターナショナルスクールが増えているわけです。

インターナショナルスクールを検討しているご家庭からよく相談を受けます。そのとき、「お子さんの母語やその後の人生、そしてアイデンティティを考えて学校を選んでください」とお伝えしています。

インターナショナルスクールは、学費が高いために輝いているように見えます。実際にインターナショナルスクールを経営し、教職員と毎日、出来事や生徒の性格を学び、カリキュラムや課外活動がどのように影響するのかと真剣に話してきました。インターナショナルスクールの多様な文化と生徒の性格や言語、そして家庭の文化がクロスするという素晴らしい学びの場だと言えます。

かつて、日本における私立小学校の「国際コース」の立ち上げに関する会議の際に日本の小学校現場を体験したのですが、インターナショナルスクールの職員室とほとんど変わらない光景が広がっていました。日本の学校は、共有されている暗黙知が多く、教職員の個々の能力も高く、正義感にあふれています。生徒一人ひとりについて考える教師は多面的で、建設的な批判もできています。

一方、インターナショナルスクールでは、多国籍な教師が多国籍な生徒に教えているわけですが、言語による共通認識（暗黙知）ができておらず、納得するまでのプロセスに苦労しました。

インターナショナルスクールが国際化のキーではない

村田 要するに、文化の違いが明確になったわけですが、インターナショナルスクールが国際化のキーではなく、各家庭において、お子さんがどのように国際的に育ってほしいのかを明確にして、戦略を立てていくことが重要だと考えています。

有澤 納得しました。都会では、多くの人が「私立の教育はよい」という暗示にかかっています。逆に地方では、「公立絶対」と思い込んでいる大人が多いです。そして近年は、「私立よりもインターナショナルスクール」という新たな風潮ができつつあります。子どもたちを何らかの枠にはめたがっているのでしょう。「我が子が楽しい顔をして生きていける人生を選ぶためのサポートをしなければならない」と、身につまされました。

　そして、公立のインターナショナルスクールだけでなく、地方の「グローバルコース」の利点・必要性も納得です。そこで英語が話せるようになるのなら、公立のインターナショナルスクールはなくてもいいかもしれません。

　長い時間お付き合いいただきありがとうございます。最後になりますが、日本の国際教育を多面的に見てきている村田さんから、文部科学省（文科省）に対して、国際ジャーナリストとしての提言をお願いしたいです。

村田 日本人にとって、もっとも分かりやすく、日本語で効率的な学びの体系を構築してきたのが文部科学省であり、多くの研究者や先生方です。文科省がインターナショナルス

クールを一条校の枠組みに入れたいと考えても、「民族学校がインターナショナルスクールである」と主張する人がいるため、取り入れることが難しい現状が続いています。

戦後の歴史的な背景、そして政治による介入などによって、文科省が成し遂げたかったことの多くは実現できなかったと考えています。しかし、私立学校における「国際コース」の準備においてはカリキュラム特例校の制度を使いましたし、英語で学習指導要領を学ぶことも特例校として認められる場合が増えてきました。

このように、文科省は社会の変化に対して制度を設けていますし、多くの学校が特例校として認められています。実際、ほぼインターナショナルスクールと言えるほどの一条校も増えてきています。

大人が動いて、柔軟な教育行政を求める

村田　では、その仕組みを活用した動きを加速させるために、私たちにできることは何でしょうか。

その一つが、**法律を策定するプロセスにかかわること**です。私たちは、文科省が実行するべき教育行政の法律を策定する立法府の議員を選んでいます。市区町村をはじめとして、都道府県、そして国レベルにおいてです。

文科省は行政の一機関であり、法律に基づいて文部科学行政を担っています。私たち納税者がインターナショナルスクールを増やし、国際教育を増やしたいと思うならば、立法府から政策として立案してもらうというのが一番早い

手段だと考えています。納税者が立法府に働きかけ、より柔軟な教育行政を求めるように活動し、法律を制定していけば、文科省はインターナショナルスクールを増やすための計画を実施していくはずです。

　繰り返しますが、文科省は行政機関ですので、私たち納税者が立法府に働きかけて、国レベルで実施できるような仕組みをつくるべきではないかと思っています。

有澤　ありがとうございました。文科省のすべきことと、私たち大人が文科省をサポートしながらすべきことがある、と理解しました。

　私はデンマークのフォルケホイスコーレに留学していたことがあるのですが、その際、公立学校でも人気がなくなったら廃校になり、保護者が新しい学校をつくるという話を聞きました。国が違うので、当然制度も違いますが、日本なりに、子どものために大人ができることとは何だろうかと、村田さんのお話を聞いて思いました。

　日本の場合、問題に対して指摘する人は多いのですが、行動する人が少ないように思います。もちろん、自己反省でもあります。

　私自身は、すべての都道府県に公立のインターナショナルスクールをつくりたいと思って活動していますが、生きているうちに実現するかどうかは分かりません。でも、今日のお話を糧にして、これからも頑張ってみます。

　本日は本当にありがとうございました。これからもよろしくお願いいたします。

インタビュー後記

　日本の学校とインターナショナルスクールで学んだ子どもの経済格差の広がりに関するデータはないとはいうものの、「シアワセ格差」はどうなんだろうかと考えずにはいられなかった。いったい、成功って何なのだろうか……。

　それにしても、自己肯定感や他者を助けたりする共創力や創発力を育めるのはどちらの教育なのかと、改めて知りたくなったインタビューであった。

　村田さん、本当にありがとうございました。

おわりに──大人も子どもも、きっかけさえあれば変われる

　少なくとも7、8年前までは、私は本書が書けるような「大人」ではなかった。さらに、日本の未来、子どもたちの世界を考えて行動するといった大人でもなかった。しかし、あるきっかけによって、そんな自分が変わった。とてもありがたいと思っている。

　長期の不妊治療でようやく授かった息子の将来を楽しみにしながらも、「彼が成功できるのか」と心配していた日々。成功のレールに乗せてあげたいと思っているのに、こちらの思うように動かない息子。我が子の教育に関する考え方がまったく異なる配偶者。誰の話を聞いてもその人の話が正しく聞こえてくるような日々のなかで、たまたま教育現場を自分の目で見て、耳で聞くという日常がやって来た。

　そして、**「自分の子どもだけが幸せになれる世界はない」**ということに気付き、火がついたようにいろいろなことを調べ、行動し、実験したことをレポートしてきた。その結果の一部が本書の内容である。

　今となっては、息子に成功してほしいなんてまったく思っていない。一人ひとりの幸せは違うし、誰かが成功したとしても、ほかの誰かからすればどうでもよいことかもしれないし、時に

は「成功」と言えないこともあるだろう。

　息子は、日々の生活において、考え、いろんな人の意見を聞き、仲間を集め、経験と情報をシェアし、選択肢を増やしながら生きている。うまくいくこともあれば、失敗する場合もあるだろう。もちろん、それでいい。彼の人生なのだから。

　彼が小さかったときに、今の知識や知恵や勇気が私にあったら、彼の人生は異なったものになっていたかもしれない。でも、今となっては「これでよかった」と思っている。

「大人が変わらないと、子どもたちの未来はますます狭くなる」と思い、「大人が変われる学校をつくりたい」と思って、57歳のときにデンマークの「フォルケホイスコーレ」に半年間留学した。世界中から集まってくる学生は、ほとんどが17歳から23歳。もちろん、私が最年長で、いろんな人から「先生ですか？」と言われた。

　当然のことながら、学生よりも教師たちと仲良くなった。とても人望の高い学生でもあったと思っている。学生会の役員も

10代、20代の学生と最年長の筆者（2列目の右端）

220

すすんでやったが、やはり、もっと英語ができたらなーと思った。さらに、もっと若いときに経験したかった、と思った。

日本の子どもたちには、そんな思いをしてほしくない。だから、どこに生まれ育っても、選択肢を増やせる社会を子どもたちに提供したいと考えている。

今住んでいる社会や地域に満足している人は、それでよいだろう。しかし、「もっといいことないかな」とか「自分はまだ何かできるんじゃないか」と少しでも思うのであれば、今とは異なる世界を覗いてみてほしい。そして、周りの子どもたちに、もっと世界に近づける情報と勇気を授けてほしい。

大人ができることはいっぱいある。成長著しい若者たちは、ほんのちょっとのヒントで大きく成長できる。きっと、私たち大人は、「子どもたちの成長促進剤」にはなれるはずだ。

あなたのできること、やりたいことを書き出してみよう。そのなかで、一番やりやすいことか、一番やりたいことを、明日から行ってみませんか。

謝辞

「文章力がないから連載が中止になりました。その企画を聞いていただけませんか？」

このような企画提案をする人はいるのだろうか。自分から「文章力がない」と言ってしまったら、書籍出版の話になるわけがない。そんな計算もできない私だが、新評論の武市一幸氏は熱心に話を聞いてくれた。そして、「まずは書いてみてほしい」と言われて執筆を開始した。

　2022年の秋から2023年の春にかけて取材をしていたので、書きはじめたらどんどん当時の思いが込み上げてきた。「本が1冊売れることで、世界がちょっとよくなる。それが私の思いです」と言う武市氏のためにも、1章を読むだけでも誰かの役に立つようにと考えながら、パソコンに向かった。武市氏に会えなかったら、2023年1月に一人で2,300kmを運転した日々のことは誰にも届かなかった。感謝のひと言である。

　私に大きな影響を与えてくれたのは、「さぬきピアラーニングハブ」代表の猪塚武氏である。NTTコミュニケーションズに売却した「デジタルフォレスト社」の創業者であり、その10年ほどのちに「キリロム工科大学」をカンボジアにつくったという彼のもとで働いたからこそ、日本の教育にかかわることができた。

　日本中の高校教師・高校生、保護者、進学塾・予備校・教育関係者らとさまざまな会話をし、「これは、まずいぞ日本」と思い知ったことがガソリンとなり、今の私がある。この経験をしていなかったら、今もどこかで会社員として働いていることだろう。

　カンボジアと日本を行き来した日々があったからこそ、我が息子も世界を飛び回っている。母子ともに、猪塚さんには感謝しかない。そして、その感謝を社会に還元したい。

　私が会社員を諦めて、自分のやりたいことだけに集中できたのは「ソーシャルキャピタルマネジメント社」の代表である小林博之氏（コバヒロさん）のサポートがあったからだ。大企業の会社員が自分の天職と思っていた私だから、まさか自分で起

業することになるとは思ってもいなかった。コバヒロさんは、そんな「起業家ど素人」の私にさまざまなサポートをしてくれた。コバヒロさんの社名のごとく、自分がソーシャルキャピタルになって、循環していけるように今後も頑張りたい。

　そして、トレードマークとして私がいつもかぶっている帽子は、「株式会社ヨシダ」の常務取締役である吉田香里氏の見立てである。帽子をつけていると、会話のきっかけには困らない。帽子に背中を押されることもしょっちゅうだ。これからも元気になる帽子を世に送り出していただきたい。

「Denmark 株式会社」は私一人が経営する零細企業である。独りぼっちの会社を陰に日向に支えてくれた「GLOBAL LEARNER'S INSTITUTE」の鏑木稔氏、「税理士法人優和」の渡辺俊之氏、「ドの会」の児浦良裕先生、そして清水敬介氏、渡辺梓氏、天方黄菜里氏、蔵裕康氏、小林今日子氏、市田みゆき氏、本田祐介氏、いつも私を助けてくれているみなさんにも心から感謝を申し上げたい。そして、いつも素敵なイラストをありがとう！　Jack 森崎恭平さんとは「旅友」でもある。

　引き続き、みなさんとともに、日本の教育をより良いものにしていくことを誓います。これからも、どうぞよろしくお願いいたします。

　2024年 5 月

　　　　　　　　　　　　　　　　　　　　　　　有澤和歌子

編著者紹介

有澤和歌子（ありさわ・わかこ）

富山県出身、青山学院大学経営学部卒業。

現在、Denmark 株式会社代表取締役。

25 年にわたる富士通株式会社への勤務後、複数のベンチャー企業に勤務。2016 年よりキリロム工科大学（カンボジア）の事業に携わり、海外での学びの重要性と日本の学校現場のグローバル化の遅れを痛感。子どもたちのために大人が変わる必要があると感じ、「大人が変態する学校」を体験すべくデンマークのフォルケホイスコーレに留学。帰国後の 2021 年に起業し、現在は「47 都道府県に公立インターナショナルスクール設置」を目指して奮闘中。

一般社団法人アナザーステージ理事。Flamingo Magic Hat アンバサダー。とやまふるさと大使。さぬきピアラーニングハブアドバイザー。Consultant of Invictus International School（シンガポール）

日本のアタリマエを変える学校たち

──誰もがインターナショナルスクールで学べるように──

2024年7月15日　初版第1刷発行

編著者	有澤和歌子
発行者	武市一幸
発行所	株式会社 新評論

〒169-0051 東京都新宿区西早稲田3-16-28
http://www.shinhyoron.co.jp

TEL 03 (3202) 7391
FAX 03 (3202) 5832
振替 00160-1-113487

定価はカバーに表示してあります
落丁・乱丁本はお取り替えします

装幀　星野文子
印刷　フォレスト
製本　中永製本所
いらすと：Jack森崎恭平

マリリー・スプレンガー／大内朋子・吉田新一郎 訳

感情と社会性を育む学び（SEL）
子どもの、今と将来が変わる

認知（知識）的な学びに偏った学習から、感情と社会性を重視する学習へ！
米国発・脳科学の知見に基づく最新教授法のエッセンス。
四六並製　302頁　2640円　ISBN978-4-7948-1205-6

L・ウィーヴァー＋M・ワイルディング著／高見佐知・内藤翠・吉田新一郎 訳

SELを成功に導くための五つの要素
先生と生徒のためのアクティビティー集

「心理的安全性」が確保された学びのコミュニティを目指す
すべての先生へ。SELと教科学習を統合する最新アプローチ。
四六並製　412頁　3300円　ISBN978-4-7948-1244-5

ナンシー・フレイ＋ダグラス・フィッシャー＋ドミニク・スミス／山田洋平・吉田新一郎訳

学びは、すべてSEL
教科指導のなかで育む感情と社会性

感情と社会性に関わるスキルを磨く機会は、日常の教科学習のなかに
溢れている！教師の気づきで教室を変える最新手法。
四六並製　322頁　2750円　ISBN978-4-7948-1231-5

山本利技　渡辺梨沙　松本有貴　マイケル・E・バーナード

レジリエンスを育てよう
子どもの問題を予防・軽減する YOU CAN DO IT!

教育にも「事後ではなく予防」の考え方を！子ども自らが辛さを
乗りこえ回復していく力を育むオーストラリア発の最新教育実践。
四六並製　238頁　2420円　ISBN978-4-7948-1247-6

S・サックシュタイン／中井悠加・山本佐江・吉田新一郎 訳

成績だけが評価じゃない
感情と社会性を育む（SEL）ための評価

子どもの尊厳を守り、感情も含めてまるごと理解し、社会性を
育むような「評価」とは？米国発・最新の総合的評価法を紹介。
四六並製　256頁　2640円　ISBN978-4-7948-1229-2

表示価格はすべて税込価格です。

清水 満
共感する心、表現する身体
美的経験を大切に
知育重視の教育から、子どもの美的経験を大切にする新しい教育環境を創る。
人間は「表現する者」であるという人間観をデンマークとドイツから学ぶ。
四六並製　264頁　2420円　ISBN4-7948-0292-7

マルクス・ベルンセン／清水 満訳　企画協力：オ・ヨンホ
生のための授業
自信に満ちた子どもを育てるデンマーク最高の教師たち
自由の国・デンマークから詰め込み教育で苦しむ日本の教員と
子どもたちに届くメッセージ。素晴らしい授業のヒント満載！
四六並製　208頁　1980円　ISBN978-4-7948-1203-2

清水 満
改訂新版　生のための学校
デンマークで生まれたフリースクール「フォルケホイスコーレ」の世界
テストも通知表もないデンマークの民衆学校の全貌を紹介。新版にあたり、
日本での新たな展開を増補。　2024年5月現在、再改訂中！
四六並製　336頁　2750円　ISBN978-4-7948-0334-6

ヨーラン・スバネリッド／鈴木賢志＋明治大学国際日本学部鈴木ゼミ編訳
スウェーデンの小学校社会科の教科書を読む
日本の大学生は何を感じたのか
スウェーデンの若者（30歳未満）の選挙投票率81.3％！この差は何だ！？スウ
ェーデンの小学校社会科の教科書には、それを考えるヒントが詰まっている。
四六並製　198頁　1980円　ISBN978-4-7948-1056-4

A・リンドクウィスト＆J・ウェステル／川上邦夫 訳
あなた自身の社会
スウェーデンの中学教科書
子どもたちに社会の何をどう教えるか。最良の社会科テキスト。
皇太子さま45歳の誕生日に朗読された詩『子ども』収録。
A5並製　228頁　2420円　ISBN978-4-7948-0291-0

＊表示価格はすべて税込み価格です。

多くの子どもたちが、自然に「考える」という授業がある！

梅木卓也・有澤和歌子 著

答えのない教室
3人で「考える」算数・数学の授業

教師の真似でも、丸暗記でも、板書写し→独習でもない、
全く新しい授業が始まる！世界標準になりつつあるその方法を
詳説。本書で紹介する「答えのない教室」の仕組みを知れば、
誰にでもこのような授業ができる。

四六並製　256頁　2420円
ISBN978-4-7948-1257-5